Por qué meditar

NO FICCIÓN

Por qué meditar

Ciencia y práctica
de la claridad y la compasión

Daniel Goleman
Tsoknyi Rinpoche

Traducción de Alejandra Ramos

El papel utilizado para la impresión de este libro ha sido fabricado a partir de madera
procedente de bosques y plantaciones gestionadas con los más altos estándares ambientales,
garantizando una explotación de los recursos sostenible con el medio ambiente y beneficiosa para las personas.

Por qué meditar
Ciencia y práctica de la claridad y la compasión

Título original: *Why We Meditate. The Science and Practice of Clarity and Compassion*

Primera edición: abril, 2023

D. R. © 2022, Tsoknyi Rinpoche y Daniel Goleman
Publicado por acuerdo con Folio Literary Management, LLC e International Editors Co.

D. R. © 2023, derechos de edición mundiales en lengua castellana:
Penguin Random House Grupo Editorial, S. A. de C. V.
Blvd. Miguel de Cervantes Saavedra núm. 301, 1er piso,
colonia Granada, alcaldía Miguel Hidalgo, C. P. 11520,
Ciudad de México

penguinlibros.com

D. R. © 2023, Alejandra Ramos, por la traducción

ISBN: 978-607-382-830-7

Impreso en México – *Printed in Mexico*

Por la paz interior, un mundo pacífico y el beneficio de todos los seres

ÍNDICE

LO QUE TE OFRECE ESTE LIBRO   11

¡DEJA CAER LA CONCIENCIA!   21

RESPIRACIÓN DIAFRAGMÁTICA   33

MONSTRUOS HERMOSOS   65

AMOR ESENCIAL   103

AMOR Y COMPASIÓN   131

CALMA Y CLARIDAD   165

UNA MIRADA MÁS PROFUNDA AL INTERIOR   193

EPÍLOGO: UN ÚLTIMO CONSEJO   221

Agradecimientos   229
Notas   231

UNO

LO QUE TE OFRECE ESTE LIBRO

TSOKNYI RINPOCHE

Crecí en un pequeño pueblo, gozando de su atmósfera, y de mucho amor y cuidados. Recuerdo de una forma vívida que, cuando yo era niño, mi abuelo solía envolverse en la amplia y tibia capa para meditar llamada *dagam*. Cada vez que lo veía así, jugaba un juego peculiar: saltaba a su regazo y de inmediato saltaba de nuevo al suelo y me iba corriendo. Hacía esto una y otra vez. Y mientras tanto, él continuaba meditando y murmurando mantras, dejando al pilluelo ir y venir a su gusto. Mi abuelo irradiaba calor, amor y paz sin importar lo que sucediera a su alrededor.

Nací en Katmandú. Mi padre fue Tulku Urgyen Rinpoche, un renombrado maestro tibetano de la meditación. Mi madre era nepalesa, descendiente de una familia tibetana que también practicaba la meditación. Entre sus antepasados hubo un famoso rey del Tíbet, cuyos descendientes se establecieron en Nubri, un valle nepalés a la sombra del monte Manaslu, la octava cima más alta del mundo. Mis primeros años de vida los pasé en esa remota y montañosa región.

En ambos lados de mi familia había consumados y devotos practicantes de la meditación, entre ellos, mi padre, su abuela y el padre de mi abuela, quien fue uno de los más legendarios practicantes de su era. En general, ser competente en la meditación implica haber pasado varias etapas de entrenamiento mental y alcanzado la estabilidad en la sabiduría y la compasión. Por todo esto, puedo decir que tuve el privilegio de que me entrenaran para meditar desde niño, y que crecí en un ambiente propicio para esta actividad.

A los trece años me enviaron a una comunidad de refugiados tibetanos en el Valle Kangra, al norte de la India, para recibir una educación budista formal. Ahí continué mi entrenamiento de meditación con varios maestros de este arte, entre ellos yoguis que practicaban en aislamiento. Desde ese tiempo he tenido la fortuna de estudiar con algunos de los más importantes maestros de nuestros tiempos.

A los veintitantos años empecé a enseñar el budismo y, desde entonces, he viajado y les he dado clases de meditación a decenas de miles de estudiantes en varios continentes. También he seguido educándome de manera autodidacta y he explorado conocimientos científicos importantes para la ciencia de la mente. Asistí a varios seminarios de Mente y Vida en los que el Dalai Lama conversó con científicos, y he enseñado meditación a estudiantes de maestría y posdoctorado en el Mind & Life Summer Research Institute.

Desde que comencé a enseñar meditación, mi curiosidad natural hizo que me interesara de modo particular en la psicología occidental, la vida contemporánea y los singulares desafíos que enfrenta la gente en la actualidad. Debido a mi actividad como maestro itinerante, mi estilo de vida implica un movimiento continuo. A diferencia de muchos de los maestros asiáticos de la meditación que gozan de gran popularidad, yo prefiero viajar solo y de forma anónima para poder observar a la gente e interactuar con ella de una manera auténtica y espontánea. He pasado mucho tiempo en aeropuertos, caminando por las calles de muchas ciudades del mundo y sentado en cafeterías observando a otros.

Asimismo, he pasado décadas interactuando con expertos en ciencia y psicología, y con amigos y estudiantes de todo el mundo, con el objetivo de tratar de entender su mentalidad, sus luchas y la presión cultural a la que se ven sometidos. He tomado clases y seminarios con varios psicoterapeutas connotados como Tara Bennett-Goleman y John Welwood. Con Tara, esposa de Daniel Goleman, exploré muchos temas psicológicos, en especial, los patrones disfuncionales comunes, como la privación emocional y el miedo al abandono, los cuales trata en su libro *Alquimia emocional* y en otros sitios. John Welwood, autor y terapeuta matrimonial, fue una rica fuente de reflexiones respecto a patrones de relaciones, así como al concepto de la "circunvalación espiritual", es decir, la tendencia a usar prácticas espirituales como la meditación para evitar heridas psicológicas no sanadas, o emociones problemáticas y abrumadoras. También he aprendido mucho al hablar con mis estudiantes sobre su vida, relaciones personales y prácticas espirituales.

A través de estas fuentes he aprendido mucho sobre mis propias neurosis, mis patrones habituales y mis emociones. A medida que ha aumentado mi comprensión de los desafíos emocionales y psicológicos que enfrentan los estudiantes en la actualidad, mi método de enseñanza también se ha ido nutriendo. Un ejemplo de estos desafíos es la manera en que la gente puede llegar a usar su práctica espiritual para esconderse de los problemas psicológicos, así como la intensidad con que sentimos el poder oculto de nuestros patrones emocionales y de las heridas que nos causan nuestras relaciones. Reflexiones como esta son lo que le ha dado forma a las enseñanzas que se ofrecen en este libro.

Mi manera de enseñar no solo es producto de esta sensibilidad a los desafíos actuales en los ámbitos emocional y psicológico, sino también del hecho de que continúo enfocado en la posibilidad de la transformación y el despertar. Trato de mantenerme fiel a la profunda sabiduría tradicional de la que surgí, pero, al mismo tiempo, me esfuerzo por mantenerme al día y ser innovador. Esto significa que trato de ser franco y abierto en las interacciones directas que tengo con mis estudiantes cuando intentamos abordar sus distintos niveles de rigidez, dolor y confusión.

Cuando empecé a enseñar, usaba un estilo más tradicional, me enfocaba en la teoría y hacía énfasis en sutiles distinciones de los textos tradicionales. La mayoría de los estudiantes contaban con una educación sólida, comprendían los significados a un nivel intelectual y formulaban preguntas agudas. Entonces pensaba: *Vaya,*

¡qué inteligentes! Seguro avanzarán con rapidez. Sin embargo, después de unos diez años o más, había algo que seguía sin funcionar del todo. Los estudiantes "entendían" a un nivel intelectual, pero parecían quedarse atorados en los mismos patrones emocionales y energéticos año tras año. Este rezago les impedía avanzar en su práctica de la meditación.

Entonces empecé a preguntarme si las prácticas que mi tradición atesoraba en realidad conmovían a los estudiantes como se esperaba. Analicé por qué los estudiantes de todo el mundo entendían las enseñanzas, pero eran incapaces de encarnarlas y de transformarse de manera profunda.

Comencé a sospechar que los canales de comunicación entre su mente, sus sentimientos y su cuerpo estaban bloqueados o tensos. Desde el punto de vista tibetano, todos estos canales deberían estar conectados y permitir un flujo libre; sin embargo, noté que mis estudiantes no podían integrar la comprensión intelectual de la que eran capaces porque no digerían la información ni a nivel corporal ni emocional. Esto me condujo a modificar mi método para enseñar la meditación.

Ahora me centro en sanar y en abrir el canal entre la mente y el mundo sensible para preparar al estudiante de manera integral. Las técnicas que aquí se describen reflejan este nuevo enfoque, el cual he ido refinando en las últimas décadas. A pesar de que estas enseñanzas son producto de años de entrenamiento con grandes maestros de la meditación y de mi propia experiencia al meditar y transmitir este conocimiento, no son exclusivamente para budistas ni para personas que "practican la meditación con seriedad". Al contrario, fueron diseñadas para beneficiar a cualquier persona. A todos.

Tampoco son solo antídotos para la neurosis, ya que, en realidad, ofrecen un modo práctico de lidiar con cualquier tipo de pensamiento y emoción angustiante como los que nos invaden con frecuencia. Además de miedo, las emociones pueden incluir agresividad, celos, deseos irrefrenables y otros tipos de obstáculos para alcanzar la paz interior.

En lo personal, me apasiona la posibilidad de compartir la meditación de una manera emocional y psicológicamente significativa, y práctica y accesible para la gente que se siente atrapada en el mundo actual. Como tenemos muy poco tiempo para trabajar con la mente y el corazón, las técnicas deben aportarnos beneficios inmediatos.

DANIEL GOLEMAN

Crecí en Stockton, California, un pueblo a unos noventa minutos al este del Área de la Bahía de San Francisco. A lo largo de mi infancia viví ese lugar como lo que era: un pueblo estadounidense típico. Tranquilo, un poco al estilo de las pinturas de Norman Rockwell. En tiempos recientes, sin embargo, la reputación de Stockton ha cambiado bastante: fue la primera ciudad estadounidense en declararse en quiebra y ahora ahí se lleva a cabo un experimento social que consiste en proveerles a los ciudadanos un estipendio mensual. Ah, sí, ahora también es un hervidero de pandillas.

Siendo aún muy pequeño me sorprendió descubrir que, a diferencia de lo que sucedía en la mía, en las casas de mis amigos casi no había libros. Nosotros teníamos miles porque tanto mi padre como mi madre eran profesores universitarios y consideraban que la educación era el mejor camino al éxito en la vida. Al igual que ellos, tomé la escuela muy en serio y me esforcé por tener un buen desempeño.

Eso me permitió asistir a una universidad en la Costa Este y después estudiar un doctorado en psicología clínica en Harvard. Mi camino, sin embargo, dio un fuerte giro cuando me otorgaron una beca predoctoral para viajar a la India. A mis patrocinadores les dije que estudiaría psico-etnología o "modelos asiáticos de la mente", pero, en realidad, muy pronto me encontré sumergido en el estudio de la meditación.

Mi práctica de la meditación empezó cuando todavía estudiaba la licenciatura, así que, al llegar a la India, pude asistir a una serie de retiros de diez días que me entusiasmaron mucho. En ellos alcancé un estado de paz interior que me instó a continuar practicando cuando regresé a Estados Unidos. A lo largo de varias décadas de práctica de la meditación he conocido a maestros maravillosos, y ahora soy alumno de Tsoknyi Rinpoche.

Mi tesis doctoral en Harvard fue sobre la meditación como medio de intervención en el estrés y, desde entonces, he estudiado la ciencia de la práctica contemplativa. Mi senda profesional me acercó al periodismo científico y luego a *The New York Times*, donde me desempeñé como parte del equipo de la sección de ciencia. Mi tarea principal en esta área de trabajo consiste en ahondar en lo que las publicaciones científicas reportan, interpretar sus hallazgos y reescribirlos, de tal suerte que resulten interesantes y comprensibles para la gente que no cuenta con conocimientos especializados.

Esto me llevó a escribir un libro a cuatro manos sobre los hallazgos científicos respecto a la meditación. Esta obra la realicé con Richard Davidson, un antiguo amigo de cuando era estudiante de posgrado. Hoy en día, Richard es un connotado neurocientífico y trabaja en la Universidad de Wisconsin. El libro se llama *Rasgos alterados. La ciencia revela cómo la meditación transforma la mente, el cerebro y el cuerpo*, y analiza los estudios más sólidos sobre la práctica de la meditación. Gracias a mi contribución al mismo pude volver al estanque de la ciencia contemplativa, ya que examiné hallazgos de laboratorio que explican las prácticas que Tsoknyi Rinpoche comparte en cada capítulo.

Lo que te ofrece este libro

La atención consciente ha arrasado en nuestros negocios, escuelas, centros de yoga, complejos médicos y mucho más. Ha llegado incluso a los rincones más distantes de la sociedad occidental. Resulta comprensible que a mucha gente le parezca atractiva la atención consciente y la posibilidad que nos brinda de darnos un respiro; sin embargo, esta es solo una de las muchas herramientas de la práctica de la meditación profunda. El sendero que detallaremos en este libro cubre la meditación básica y luego va más allá. Te diremos qué hacer una vez que te hayas iniciado en la atención consciente, pero también hablaremos sobre qué hacer al principio para destruir los enraizados hábitos emocionales que con frecuencia motivan el comportamiento de la gente.

Este libro te ayudará a enfrentar los obstáculos que nos impiden concentrarnos en la vida moderna, y no solo me refiero a los infaltables teléfonos celulares y a nuestras agendas cada vez más desbordantes de actividades, sino también a los pensamientos destructivos como la duda y el cinismo, y a los hábitos emocionales como la auto-crítica que tanto nos preocupa. Los primeros capítulos le ayudarán al lector a lidiar con los dos problemas de los que más suele quejarse la gente que se inicia en la meditación: (1) *Mi mente es un infierno, no encuentro la paz* y (2) *Mis pensamientos más inquietantes no me dejan tranquilo*. Tsoknyi Rinpoche adaptó las instrucciones de la meditación para abordar estos dos obstáculos. Comenzó por lo que llama "Caída" o "Descenso", una técnica en la que el practicante corta de tajo los pensamientos persistentes. Luego propuso el "apretón de manos", con el que los practicantes aprenden cómo hacerse amigos de sus patrones mentales más problemáticos.

Aunque estas técnicas no suelen formar parte de las instrucciones comunes para la práctica de la atención consciente, son sumamente valiosas. Muchas de las personas que se inician en esta práctica abandonan el método porque se frustran y porque les molesta que los pensamientos que están tratando de superar no dejen de importunarlos. Este libro te enseña a lidiar con esos pensamientos de manera directa, pero al mismo tiempo, con amor y aceptación.

Aquí encontrarás varios métodos que no se han divulgado en ningún otro medio y que por el momento solo conocen los estudiantes de Rinpoche.

Este libro es para ti si…

- has considerado empezar a meditar, pero no estás seguro de por qué deberías hacerlo ni cómo empezar;
- ya meditas, pero te preguntas cómo o qué hacer a continuación para avanzar;
- ya eres un practicante convencido y deseas ayudar a alguien que te importa, regalándole un ejemplar.

DOS

¡DEJA CAER LA CONCIENCIA!

Si no puedes cambiar algo, ¿entonces por qué deberías preocuparte?
Y si sí puedes cambiarlo, ¿por qué deberías preocuparte?

DICHO TIBETANO

TSOKNYI RINPOCHE: LA EXPLICACIÓN

En las décadas de los setenta y los ochenta, cuando era niño, viví en Nepal y en el norte de la India. El ritmo de vida era más bien lento y la gente sentía bastante estabilidad. Nuestro cuerpo estaba relajado, nos agradaba sentarnos a beber té con frecuencia, y sonreír nos resultaba sencillo. Por supuesto, enfrentábamos muchos desafíos como pobreza y falta de oportunidades, pero el estrés y lo vertiginoso no formaban parte de nuestra vida en realidad.

A medida que esos lugares empezaron a desarrollarse, el ritmo de vida se aceleró. Cada vez había más automóviles en las calles y la gente comenzó a enfrentar fechas límite y expectativas en su empleo. Muchos experimentaron de forma breve la sensación de pertenecer a la clase media y quisieron una tajada. Entonces noté que la gente empezaba a mostrar síntomas de estrés físico y mental, estaba más inquieta y no dejaba de agitar las piernas debajo de la mesa. Muchos no podían fijar la mirada, movían los ojos de un lado otro con premura y les costaba más trabajo sonreír.

También percibí todo esto en mí cuando comencé a trabajar en proyectos complejos. Acababa de lanzar una iniciativa que implicaba trabajar varios años para preservar los textos de mi linaje y, aunque la oficina para llevar a cabo el proyecto estaba del otro lado de la ciudad, en cuanto me despertaba mi mente ya estaba allá. El mundo sensible empezó a abrumarme: *¡Vamos, vamos, vamos! ¡Solo pasa rápido el cepillo por los dientes y escupe! Métete a la boca todo el desayuno en un solo bocado. Mastica y traga. ¡No tienes tiempo para esto!*

Para ir a la oficina tenía que manejar, y el tráfico de Katmandú me parecía insoportable. *¡Acelera! No importa si golpeas a alguien, ¡nada importa!* Para cuando entraba a la oficina ya me sentía fatigado. Pasaba saludando a todos sin atención y no me tomaba el tiempo necesario para ver cómo iban. Mi objetivo era irme de ahí lo más pronto posible.

Salía agachado e iba a refugiarme a cualquier lugar, a una cafetería, por ejemplo. Me sentaba ahí sin hacer nada, solo quería calmarme, pero la ansiedad y la inquietud no me lo permitían. Me sentía como un gran bulto que no dejaba de zumbar. Mi cuerpo, mis sentimientos y mi mente estaban estresados sin razón evidente.

Un día, sin embargo, decidí desafiarme a mí mismo. En lugar de escuchar a la necia, distorsionada e indomable energía que me controlaba, empecé a respetar el límite de velocidad y la rapidez natural de mi cuerpo. Pensé: *Solo voy a comportarme de manera natural y al ritmo correcto. Cuando llegue a la oficina, llegaré y punto, no voy a permitir que la energía negativa me manipule.*

A lo largo de la mañana me mantenía relajado y me movía al paso que me parecía conveniente. Temprano, antes de levantarme, me estiraba en la cama. Me cepillaba bien los dientes y tomaba el tiempo necesario para hacerlo de la forma correcta. Y entonces la energía trataba de acelerarme. Decía: *¡Ve más rápido! ¡Llega ya! ¡Toma cualquier cosa del refrigerador y desayuna en el automóvil!* Pero yo me negaba a escucharla.

Continué respetando el límite de velocidad de mi cuerpo. Me sentaba a desayunar, masticaba como era debido y disfrutaba mis alimentos. Manejaba a la velocidad adecuada, sin sentirme apresurado. Incluso disfrutaba el trayecto en automóvil. Cada vez que la energía desenfrenada me instaba a acelerar y decía: *¡Solo entra!*, yo sonreía y negaba con la cabeza. Al final, empecé a llegar a la oficina casi a la misma hora que antes.

Al entrar, me sentía fresco y relajado. El lugar se veía más tranquilo y hermoso de lo que yo recordaba. Me sentaba y bebía té con mi personal, miraba a cada individuo a los ojos y hablaba con todos para ponerme al día con cada uno de verdad. Ya no sentía urgencia de partir.

Cómo encontrar nuestros cimientos

Me gustaría empezar a construir desde la base. En la tradición budista de donde provengo nos agrada la construcción de diversos tipos de edificios como templos, conventos, monasterios y estupas. Tal vez se debe a la necesidad de compensar nuestras raíces nómadas. En cualquier caso, nuestras metáforas suelen involucrar imágenes de la construcción, y sabemos, como cualquier constructor, que para poder avanzar es necesario contar con cimientos sólidos y sanos. La meditación no es la excepción.

Nuestro cuerpo, nuestra mente y nuestros sentimientos serán los materiales en bruto. Vamos a trabajar con los pensamientos y las emociones, es decir, felicidad y tristeza, retos y luchas. En el caso de la meditación, contar con cimientos sólidos significa estar bien anclados, presentes, conectados. Hoy en día esto puede resultar muy difícil por diversas razones, por eso me gusta iniciar mi práctica y la de mis estudiantes con un ejercicio para encontrar la base, para ubicar el cuerpo, aterrizarlo y conectarnos con él. El ajetreo de nuestra mente parece no tener fin, con frecuencia nos deja sintiéndonos ansiosos, cansados y a la deriva. Este ejercicio servirá para evitar los pensamientos vertiginosos, para que el cuerpo recupere la conciencia, y para, simplemente, quedarnos tranquilos un momento. Vamos a reconectar nuestra mente y nuestro cuerpo, a encontrar los cimientos.

La técnica de la caída o descenso

La primera técnica de la que me gustaría hablar, *la caída* o *descenso*, sirve para liberarnos de la vorágine de nuestra mente, para no quedarnos perdidos en el pensamiento y desvinculados de nuestro cuerpo. Más que una meditación, *la caída* es una manera de atravesar de modo temporal el flujo de tensión que se produce cuando pensamos, nos preocupamos y vivimos aceleradamente. Nos permite aterrizar en el momento presente de una forma sólida y corpórea. Nos prepara para la meditación.

En la caída deberás realizar tres acciones al mismo tiempo:

1. Levantar los brazos y dejar que tus palmas caigan sobre tus muslos.
2. Exhalar de manera amplia y sonora.
3. Dejar que también caiga tu conciencia: del pensamiento hacia lo que el cuerpo siente.

Solo permanece ahí, cobra conciencia de tu cuerpo, pero sin un objetivo específico. Siéntelo, ubica todas sus sensaciones: lo agradable o desagradable, el calor o el frío, la presión, el hormigueo, el dolor, el gozo, cualquier cosa de la que te concientices. No importa cuáles sean los sentimientos. Y si no sientes nada, tampoco hay problema, solo permanece en ese adormecimiento.

En resumen: deja caer, descansa y relájate. Solo estamos permitiendo que la conciencia se ancle en el cuerpo, no buscamos un estado ni un sentimiento específico. No hay manera de que este ejercicio salga mal porque los sentimientos y las sensaciones no son ni correctos ni incorrectos, solo son. Como el hábito de volver al pensamiento y perder el rastro del anclaje en el cuerpo es muy fuerte, es posible que empieces a pensar de nuevo. Para interrumpir tus pensamientos puedes dejar caer tus manos de nuevo. Repite esta acción todas las veces que sea necesario.

Solo realiza esta técnica cinco minutos en cada ocasión: deja caer las manos, exhala de manera profunda y permite que tu mente también descienda y cobre conciencia de tu cuerpo. Permanece ahí un momento, alrededor de un minuto. Luego vuelve a ejecutar la técnica. Repítela las veces que sea necesario.

Relájate desde el interior. Date permiso de no hacer nada, al principio tal vez será una sensación extraña, pero con la práctica se volverá un acto más natural y espontáneo.

A medida que tu conciencia se ancle, nota la solidez del cuerpo, su cualidad terrena, su pesadez y reposo. Nota el punto de contacto con el suelo o la silla. Permítete sentir el simple sosiego de ser: es solo tu cuerpo, un contenedor terrenal de piel, nervios y huesos que yace aquí sin hacer nada por un rato.

Aprende a relajarte

La relajación es graciosa, todos la anhelamos sin saber que es muy difícil de lograr. A menudo pensamos que la relajación es lo contrario de estar alerta, pero sentirnos alerta y conscientes forma parte del modo "encendido" de cuando hacemos cosas. Relajarse, en cambio, es como apagar el interruptor de todos los sistemas.

Cuando pensamos en relajarnos, solemos visualizarnos tirados en un sofá con el control remoto en la mano y la mente en blanco. Sin embargo, este tipo de relajación que nos hace perdernos en la insipidez solo ofrece alivio temporal, no nos ayuda a solucionar el problema que da origen al estrés. El problema permanece bajo la superficie y, por lo tanto, al final no podemos sentirnos tan descansados como esperamos.

La técnica de la caída o descenso aborda la relajación de una manera distinta. Es una forma más profunda que se vincula con el cuerpo y los sentimientos, pero no para tratar de escapar y descansar lejos de ellos. En lugar de crear un estado insulso y monótono para contrarrestar el estrés, nosotros aprenderemos a relajarnos a través de la conciencia, y a atender el origen del desequilibrio que nos obliga a vivir perdidos en el pensamiento.

Para muchas de las personas que apenas se inician en la meditación, las preocupaciones pueden parecer un obstáculo insuperable. A menudo, la gente que empieza a practicar dice: *Mi mente está fuera de control. ¡No puedo hacer esto!* La técnica de la caída o descenso se enfoca en este predicamento universal: nuestros pensamientos no cesan, nos abruman y nos impiden meditar.

La caída nos permite aclarar la mente, aunque sea por unos instantes. Esto nos da la oportunidad de empezar de nuevo, pero en un lugar sólido y encarnado. Esta técnica rompe con el flujo de tensión que se produce cuando pensamos demasiado, nos preocupamos y vivimos de forma acelerada, pero también nos prepara para varios tipos de meditación, por eso decidí que fuera la primera práctica del libro.

Prueba estos mantras para dejar caer todo

A veces, para llevar a cabo esta técnica resulta útil decir un mantra, o sea, una frase que te repites en silencio. Yo tengo dos que me agrada usar. Prueba ambos y ve cuál te funciona a ti. Este es el primero:

En cuanto tus manos golpeen tu regazo, di este mantra en silencio o murmúralo una y otra vez: *¡Y qué! ¿A quién le importa? No es relevante.*

Este mantra envía un mensaje a nuestra abrumada mente. Es un recordatorio para la parte de nuestro cerebro que se preocupa demasiado y quiere controlar todo. Por supuesto, es importante preocuparse hasta cierto punto, hasta un punto sano, pero con frecuencia sufrimos de ansiedad adicional y nuestra preocupación se transforma en una angustia neurótica. Este mantra es un antídoto para ello.

También puedes probar este otro mantra: *Pase lo que pase, pasará. Lo que no pase, no pasará.* Repítelo en tu mente o dilo en murmullos, lo que te parezca más útil.

Este mensaje nos recuerda que debemos unirnos al flujo de la experiencia en lugar de tratar de controlar todo porque, a pesar de que comprendemos esto a un nivel intelectual, necesitamos recordárselo a nuestro cuerpo sensible, que es donde se acumulan la prisa y el estrés.

Estos mantras tienen un propósito adicional: fortalecer la comunicación entre la mente cognitiva y el cuerpo sensible. Como lo analizaremos al estudiar la siguiente técnica, verás que esta relación puede ser complicada y causar problemas.

DANIEL GOLEMAN: LA CIENCIA

Debido a que mis primeros años de vida los pasé en una pequeña ciudad de California, asistí a una preparatoria pública; sin embargo, después viajé al este de Estados Unidos para estudiar en una universidad privada sumamente competitiva. Ahí me enfrenté a una clase obligatoria de cálculo para estudiantes de primer año, y así me enteré de la existencia de esta materia. Antes de eso no lo había estudiado nunca porque no formaba parte de las materias que se enseñaban en las preparatorias públicas.

La mayoría de mis compañeros en la universidad había estudiado en preparatorias enfocadas en las materias teóricas, yo, en cambio, ni siquiera tomé precálculo. Vaya, ni siquiera sabía lo que era *precálculo* ni *preparatoria*.* El primer año de la universidad reprobé la materia.

Este fracaso inicial desencadenó mi ansiedad y me hizo preocuparme mucho por cómo me iría en general en la universidad. La inquietud continuó a pesar de que en algún momento me empezó a ir mejor en clase. Por eso me pareció que era una ansiedad desconectada de la realidad, que se alimentaba a sí misma e ignoraba cualquier evidencia de que las cosas no iban tan mal. Así funciona la preocupación tóxica.

Hay tres tipos de preocupación. En el primer tipo, el menos malo, solo nos preocupamos, es decir, nos enfocamos y pensamos sin cesar en una dificultad. Luego se nos ocurre una solución

---

* *N. del E.* Se refiere a un curso de preparación especial para la universidad. En inglés el término es *prep school*, que aunque suele traducirse como *preparatoria*, tiene un sentido diferente.

POR QUÉ MEDITAR

posible para remediar las cosas y, por último, nos bajamos del tren de la ansiedad. Es un tipo de preocupación *productiva*.

El segundo tipo surge cuando enfrentamos una amenaza o emergencia, pero esta desaparece en cuanto la situación termina. Nos enfocamos de manera realista en la amenaza. Es una preocupación *adecuada*.

A mí me afectaba el peor tipo: la preocupación *tóxica* que no cesa de darnos vueltas en la cabeza sin que encontremos la solución. A esta acción la ciencia cognitiva le llama *cavilación*. Se trata de una inquietud que no acaba y que produce un flujo incesante de pensamientos. De acuerdo con investigaciones realizadas en la Universidad de Stanford, la cavilación no solo genera sentimientos terribles, también los intensifica y los prolonga.[1] A las tres de la mañana nos despertamos y nos enfocamos de inmediato en el flujo de angustia. Este tóxico tipo de preocupación se ha generalizado en nuestra sociedad.

¿Por qué nos inquietamos? Se trata de un vestigio de nuestros ancestros. Durante buena parte de la prehistoria humana, el cerebro fungió como el órgano principal de supervivencia y, por esta razón, se mantenía activado de manera constante para detectar el peligro. Este circuito de detección de amenazas fue durante mucho tiempo la clave para la preservación de nuestros ancestros y sigue latente en el cerebro humano: si llegaba a detectar algo, nos obligaba a pelear, huir o quedarnos paralizados y ocultarnos. Los supervivientes nos transmitieron ese reflejo y, ahora, el circuito permanece activo y nos hace tener una reacción fisiológica cuando necesitamos adaptarnos a una suceso fuerte y actuar. Sigue siendo un reflejo parecido a la flexión de la rodilla, es una respuesta que se presenta cuando nos invaden emociones intensas y negativas, la cual nos impulsa a actuar.

La amígdala es el radar del cerebro que detecta las amenazas.[2] A la menor señal de peligro, el circuito captura el córtex prefrontal, es decir, el centro ejecutivo del cerebro, y nos provoca sentimientos de miedo o ira. Al parecer, este sistema funcionó bien en la prehistoria, cuando la amígdala detectaba peligros como, digamos, animales que podían devorarnos. En la era moderna, sin embargo, su diseño suele fallarnos por diversas razones.

Para empezar, la amígdala recibe una señal vaga. Aunque tiene vínculos hiperrápidos que dependen de la longitud de una sola neurona y que van directo a los ojos y los oídos, la mayor parte de la información que proviene del cerebro va a otros lugares. La amígdala ve algo parecido a una pantalla de televisión repleta de estática. Asimismo, su opinión por defecto es "más vale prevenir que lamentar" y, en general, toma decisiones con base en información insuficiente. El problema es que las "amenazas" de la vida moderna rara vez son físicas. Más bien, son en general el reflejo de una compleja realidad simbólica en la que nos decimos cosas como: *Esta persona no me está tratando de la manera correcta*. El resultado es que la amígdala con frecuencia secuestra al centro ejecutivo del cerebro de tal modo que nos conduce a actuar de formas de las que luego nos arrepentimos.

La amígdala se apodera de nuestros circuitos de la atención y hace que esta se enfoque en la amenaza percibida. Cuando se dispara, no solo enfocamos nuestra atención en la amenaza, también seguimos recordando el peligro aun cuando nuestro enfoque pasa a otros pensamientos, y este recuerdo continúa cargado del fuerte ímpetu emocional que nos hace sentir que debemos hacer algo al respecto. Dicho de otra forma, nos preocupamos.

La técnica de la caída o descenso nos ayuda a lidiar con el tipo de preocupación en la que yo estaba sumergido cuando estudiaba en la universidad, la que me hacía cavilar. Aunque no se han realizado todavía estudios científicos sobre esta técnica, por inferencia de los hallazgos científicos con que contamos, parece que cuando nos quedamos sumidos en la cavilación y nos preocupamos, interrumpir de manera intempestiva estos pensamientos nos puede ayudar a aclarar la mente. Es algo parecido a la forma en que se interrumpe cualquier cosa que tenemos en la cabeza cuando alguien o algo nos asusta. Para lidiar con ese tipo de preocupación, tomé el sendero que, tiempo después, me llevó a estudiar con Tsoknyi Rinpoche.

TRES

RESPIRACIÓN DIAFRAGMÁTICA

TSOKNYI RINPOCHE: LA EXPLICACIÓN

Si tuviera que elegir una palabra para capturar el aspecto más desafiante de nuestro estilo de vida en la era moderna, elegiría *celeridad*. El ritmo en nuestro hogar y en la vida laboral, combinado con la cantidad de información y estimulación que recibimos todo el tiempo, puede acabar con nuestro equilibrio y alegría.

La velocidad, la sobreestimulación y la presión nos vuelven más sensibles y vulnerables. Por desgracia, estas fuerzas continúan golpeando nuestro cuerpo y mente, de por sí muy sensibilizados. Al analizar un poco más el estrés, noté que el cuerpo físico y la mente cognitiva no eran el problema principal. Existe un límite para la velocidad a la que nos podemos mover y, al mismo tiempo, solemos pensar con bastante agilidad cuando es necesario. Entonces ¿cuál es el problema? ¿Qué es lo que nos estresa tanto? La respuesta es nuestro mundo energético: los sentimientos, emociones, sensaciones y el flujo. Es el área gris que con frecuencia soslayamos o descartamos, ahí está la clave. La tradición tibetana toma muy en serio esta área del ser humano y ofrece una serie de técnicas y conocimientos sobre cómo mantener nuestra energía sana y en equilibrio.

Como lo mencioné en el capítulo anterior, he visto el impacto de la celeridad y el estrés en mi vida, y también lo he resentido en mi propio cuerpo. Con el paso del tiempo se acumuló y empezó a afectarme más. En ese momento sentí curiosidad respecto al lugar preciso del efecto, así que visité a mi médico para una revisión y descubrí que no tenía nada malo en el aspecto físico. Cuando analicé la situación de forma introspectiva, comprobé que mi mente también se encontraba bien, continuaba funcionando con agudeza y rapidez. ¿Por qué estaba entonces resintiendo un impacto tan fuerte? Noté que la celeridad y el estrés afectaban sobre todo mi energía y mis emociones, es decir, lo que ahora llamo *cuerpo sensible*.

Comprendí que mi energía y mi respiración se encontraban en un lugar elevado. En lugar de en el vientre, estaban en el pecho y la cabeza, lo cual me hacía sentirme mareado, como si estuviera a punto de perder el equilibrio. Me sentía "desanclado". Sentía una ligera presión en la cabeza y me ardían un poco los ojos. Empecé a experimentar menos alegría al hacer cosas que, en general, me parecían muy divertidas. También comencé a anhelar tomarme un día completo para no hacer nada, y a soñar con incluir unas minivacaciones en mi agenda. Cuando identifiqué este patrón en mí, empecé a notarlo también en otras personas, en gente que conocía, y en los estudiantes a los que les daba clases en todo el mundo.

Por suerte, contaba con algo de entrenamiento para trabajar con el cuerpo y la mente, así que pude aplicar técnicas para remediar la situación. En cuanto empecé a enseñar estos métodos, descubrí que a mucha gente le resultaban útiles. Las técnicas que enseñaré en este capítulo son las que me ayudaron a mí y a muchos amigos y estudiantes.

INTENTA ESTO UNOS INSTANTES: Cierra los ojos y permite que tu conciencia caiga o descienda al cuerpo. Mantente presente con lo que sea que esté sucediendo. Solo siéntelo. ¿Estás estresado o relajado? ¿Cuál es la sensación? ¿Puedes distinguir las sensaciones físicas del cuerpo (calidez, frescura, dolor, placer, tensión) de otros sentimientos más sutiles o enérgicos como ajetreo, celeridad, ansiedad, emoción, calma, etcétera? Pase lo que pase, no te resistas ni te preocupes, solo siéntelo.

Los tres límites de velocidad

Aquella mañana en Katmandú, cuando me desafié a mí mismo a desacelerar, la experiencia de moverme a la velocidad natural de mi cuerpo me ayudó a comprender una distinción esencial entre mi cuerpo, mi mente pensante y mi energía. Para mi sorpresa, cuando busqué la raíz del problema, o sea, el estrés, no pude encontrarlo ni en el cuerpo ni en la mente. Comprendí que había tres tipos de velocidad: la física, la cognitiva y la energética o sensible. Vi que podía caminar y moverme de forma ágil, pero sin estrés ni tensión. Mi cuerpo podía moverse tan rápido como lo necesitaba, así que el problema no estaba ahí. Mi mente podía pensar con presteza y de manera creativa, entonces, eso también funcionaba. Lo que estaba distorsionado y fuera de equilibrio era mi *mundo sensible*. Así comprendí que el estrés se acumulaba en el mundo energético, en el mundo sensible. Entre más entendía lo que sucedía en mi interior, más lo veía afuera también, en todo el planeta. La cuestión es que casi todos nos identificamos con este problema sin importar cómo lo llamemos: celeridad, ansiedad, inquietud o estrés.

A esta reflexión le llamo *tres límites de velocidad*: el límite de velocidad *físico*, el límite de velocidad *mental*, y el límite de velocidad *energético* o *sensible*. El cuerpo tiene una velocidad sana propia, pero el mundo sensible se puede acelerar de maneras distorsionadas. El sentimiento de inquietud o de una energía desbordante de ansiedad no es saludable. Al decir "distorsionadas" me refiero a algo que no es racional, que no está en contacto con la realidad. La energía en aceleración nos dice que debemos llegar a tal lugar *ahora*, a pesar de que eso sea imposible. La ansiedad nos dice que *vamos a morir* a pesar de que eso no sucederá en este momento.

Para distinguir el límite de velocidad del cuerpo del límite de velocidad del mundo sensible, imagina que tienes que limpiar una sala muy grande. Entras e identificas qué necesitarás hacer: mover muebles, sacudir, pasar el trapo, aspirar. Todo eso tomará alrededor de una hora: ese es el límite de velocidad físico. El ritmo del mundo sensible, sin embargo, puede ser distinto, puede ser relajado o acelerado: *¡Muévete más rápido! ¡Termina lo antes posible! ¡Me urge que esto acabe!* Si hacemos las cosas así, nos sentiremos estresados todo el tiempo y terminaremos agotados en veinte minutos. En cambio, si usamos una energía relajada, podemos respetar nuestro límite de velocidad natural y limpiar la sala de todas formas sin sentirnos acelerados ni inquietos. Incluso podríamos terminar sintiéndonos frescos.

Si no distinguimos entre estos dos límites, no podremos diagnosticar el problema de manera correcta y, por lo tanto, no podremos aplicar el remedio adecuado. Uno de los mayores malentendidos es que la energía en aceleración y el movimiento rápido son lo mismo, y esto hace que solo tratemos de desacelerar nuestro cuerpo o nuestra mente. Nada de esto funciona porque el problema no está ni en lo físico ni en lo cognitivo. Tampoco la solución se encuentra ahí. Y no solo eso: estas estrategias pueden causar otros inconvenientes. Si desaceleramos el cuerpo y la mente, podríamos comenzar a preocuparnos respecto a nuestro funcionamiento adecuado. También podríamos empezar a tener miedo y a alejarnos del mundo, como si fuera nuestro enemigo. Sin embargo, necesitamos funcionar porque la vida es vertiginosa y no podemos detenerla. Tenemos que correr en el mundo, mover nuestro cuerpo y usar la mente. Pensar rápido no es malo. ¡De hecho es útil! Entonces ¿cuál es esta tercera parte de nuestro ser? ¿Cuál es esta área turbia del mundo sensible? Creo que esta es la clave para entender el estrés y trabajar con él.

Permite que tu conciencia descienda y se enfoque en el cuerpo. Percibe las sensaciones y las energías sin importar cuáles sean. Si te parecen aceleradas o ansiosas, siéntelas de ese modo; si te parecen relajadas o ves que están ancladas, también siente eso. Sentado o de pie, empieza a sacudir tu cuerpo y a mover la cadera, los hombros y los brazos, como si estuvieras bailando tu canción preferida. Comienza a jugar con el movimiento de dos maneras: estando tenso por dentro y, luego, manteniéndote relajado, también en el interior. Ve qué se siente. Ve si te puedes mover de forma normal o incluso rápido, pero sin que haya tensión en el interior.

La energía y el cuerpo sutil

En la tradición tibetana, a este turbio mundo sensible le llamamos *mundo sutil*. A la energía que fluye a través de él le llamamos *lung*, término que se pronuncia "luung" y corresponde más o menos al *chi* chino o a las *prana* de las tradiciones indias. En español, a falta de un mejor término, le llamamos *energía*. El cuerpo sutil, que es el mundo de los sentimientos y las energías, opera entre la mente cognitiva y el cuerpo físico. En la fisiología yóguica tibetana, al cuerpo sutil lo componen las *prana* (energías), los *nadi* (canales) y las *bindu* (esencias). Los *nadi* o canales son la "estructura" y equivalen más o menos a los meridianos de la medicina tradicional china, los cuales son la base del funcionamiento de la acupuntura. Nuestros canales pueden tener nudos o no, y estar bloqueados o abiertos. Las *prana* o energías fluyen a través de estos canales y pueden quedarse atrapadas en ellos o fluir sin obstáculos; sin regulación o de manera equilibrada. Las *bindu* o esencias son como semillas de alegría, dicha, inspiración, claridad y amor. En un capítulo posterior hablaremos más de ellas.

El concepto más relevante en este momento es el de las *prana* o energías. Las *prana* se vinculan de manera profunda con la respiración. De hecho, otro de los términos que usamos para referirnos a las *prana* o *lung* es "alientos". El aliento es incluso considerado un tipo de *prana* físico burdo. Afecta las energías internas más sutiles. Cuando respiramos de forma superficial o somera, como cuando estamos asustados o ansiosos, aumenta la tensión, la energía del estado de ánimo o la emoción. Respirar de manera profunda y sin interrupciones nos ayuda a regular y suavizar las energías internas.

En el sistema tibetano, una de las energías principales es la *energía de movimiento ascendente*, la cual surge cuando necesitamos actuar, responder, movernos con agilidad, pensar rápido o terminar algo. Esta habilidad para responder con rapidez a situaciones dinámicas es muy útil en la vida diaria y en las emergencias. En un sistema sano, una vez que la energía de movimiento ascendente realiza su trabajo, regresa a su lugar de descanso natural, es decir, debajo del ombligo. Esto nos permite relajarnos y restaurarnos.

En cambio, cuando esta energía recibe estimulación de forma crónica, deja de regresar a su lugar de descanso natural, y se puede quedar atorada en zonas superiores del cuerpo como la cabeza, el cuello, los hombros, el pecho y la parte superior de la espalda. Continúa zumbando en esta zona y nos golpea sin cesar. Entonces empezamos a sentir los síntomas del estrés crónico. Algunos de los indicios físicos más comunes son ojos llorosos e hipersensibilidad; labios y boca seca; dolor de cabeza; tensión en cuello y hombros; actividad en el pecho. Nos podemos sentir vulnerables, amedrentados, desequilibrados y sin base. La energía en aceleración también desencadena pensamientos de ansiedad e inquietud.

Estos procesos los podemos imaginar como una casa de tres pisos. El primer piso es el cuerpo físico, el segundo es la energía o mundo sensible, y el tercero es la mente. Cuando el segundo piso, el de las energías y el mundo sensible, está fuera de equilibrio, continúa golpeando "hacia arriba", hacia la mente, y desencadena los pensamientos de ansiedad e inquietud. También golpea "hacia abajo", hacia el cuerpo, donde desencadena diversos síntomas de estrés. Cuando el segundo piso se encuentra en equilibrio y calma, podemos movernos con agilidad, rapidez y creatividad, y, además, sentirnos sanos y relajados. El segundo piso, el de las energías y el mundo sensible, es donde acumulamos el estrés, pero también donde podemos estar sosegados.

INTENTA LO SIGUIENTE: Permite que tu conciencia descienda hacia tu cuerpo y percibe los sentimientos y las energías. Sé un poco curioso. ¿Dónde está la energía? ¿Qué tipo de energía es? ¿Qué se encuentra acelerado? No estamos tratando de invitar o suscitar una experiencia, sino de buscar y descubrir algo que ya está ahí.

El desafío surge cuando superamos nuestro límite de velocidad natural en el mundo sensible. La vida moderna se mueve con velocidad, así que acumulamos más y más actividad siendo aún muy jóvenes. Mi hija tenía que hacer malabares con sus tareas escolares, los exámenes, las fechas límite, los pasatiempos, el transporte y las redes sociales. ¡Y apenas era una adolescente! Si a eso añadimos un empleo y una familia, la presión y el ajetreo solo se acumulan más. Estas presiones externas las internalizamos en nuestro sistema sensible.

Con tal de mantenernos al día con nuestras actividades, de manera recurrente sobrepasamos nuestro límite de velocidad natural, lo cual genera temores y expectativas desbordantes de ansiedad. A menudo solo aceleramos, hacemos las cosas de forma apresurada y seguimos presionando. El miedo inconsciente a quedarnos rezagados o a derrumbarnos nos hace ignorar los mensajes que nuestro mundo sensible nos envía para decirnos que debemos desacelerar, tomar un descanso o realizar un cambio. Todo esto provoca que pongamos en riesgo nuestro "anclaje" natural.

En el capítulo anterior aprendimos que la técnica de la caída o descenso nos permite soltar nuestra mente pensante para que aterrice en el cuerpo. Si la practicamos con constancia y regularidad, también nos ayuda a "disolver" una buena cantidad de estrés innecesario, pero es imposible deshacernos de todo. Algunas formas de estrés se han enraizado en nuestro cuerpo, mente y mundo sensible, es lo que llamamos *patrones habituales*. Cuando sobrepasamos nuestro límite de velocidad natural demasiadas veces en la escuela, el trabajo o el hogar, con el tiempo este estado de desequilibrio se transforma en un hábito inconsciente.

Pasado más tiempo, el desequilibrio muta y se convierte en un desorden energético, al que en Occidente se le suele llamar *ansiedad permanente*: de pronto descubrimos que no podemos calmar nuestro interior, aunque queramos. Incluso si nuestro cuerpo físico está relajado, algo se mueve dentro de nosotros. Es como tener un motor en neutral, pero con el acelerador presionado. El automóvil acelera, pero no vamos a ningún lado. A muchos nos ha sucedido que, al estar recostados en la cama por la noche, cuando deberíamos relajarnos y quedarnos dormidos, simplemente no podemos. *Mmmmmmm*, un zumbido de energía recorre nuestro cuerpo; damos vueltas en la cama, pensamos en el trabajo y nos preocupamos por esto o aquello. Esto significa que tenemos un residuo de energía desordenada y fuera de equilibrio. Esta energía es con lo que tenemos que trabajar. Necesitamos volver a entrenarla, transformarla. Las prácticas de este libro tienen como objetivo calmar la energía, son como una llave secreta para vencer el estrés.

Las raíces de la celeridad, el estrés, la ansiedad y la inquietud no están en la mente. De hecho, una mente ágil no implica un problema. Que nuestro cuerpo se mueva con agilidad tampoco nos causa dificultades. Necesitamos *entender* cuándo estamos acelerados, *sentir* ese tipo de energía y trabajar con nuestra *respiración* para volver a equilibrarla. Más adelante veremos con claridad la diferencia entre los tres límites de velocidad y aprenderemos a cuidarlos. También aprenderemos a desacelerar el mundo sensible y a entender que ni el cuerpo ni la mente necesitan desacelerar. Luego podremos caminar a paso veloz, pero con calma. Podremos pensar rápido y de manera muy creativa, sin que nuestra energía pierda la calma. Ese es el objetivo.

Piensa en un maestro de kung fu. En Bruce Lee, por ejemplo, que es mi favorito. Los maestros de kung fu se pueden mover con mucha rapidez y su mente debe permanecer alerta y aguda, pero si son competentes, ellos se mantendrán en calma. Nuestra energía es tranquila e inteligente por naturaleza. Tomando eso como base, el cuerpo y la mente se mueven. Si nuestra energía está acelerada, presentamos síntomas como ansiedad y desasosiego. Si la energía está en equilibrio, la probabilidad de acelerarse o sentirse inquieto disminuye. Incluso si llegamos a acelerar, podemos recuperarnos mucho más rápido, por eso es tan importante distinguir entre la energía sana y la dañina. Para lidiar con el mundo necesitamos energía sana.

Estas técnicas basadas en cobrar conciencia de la respiración nos permitirán alcanzar la sincronización en algún momento. También nos permitirán ser eficientes al trabajar con nuestra energía. Nos volveremos adeptos a aprender qué parte de nosotros relajar y cuál fortalecer. Dicho de otra forma, sabremos cómo mover los mundos físico, mental y sensible. Sabremos cuánta celeridad y cuánta lentitud resulta benéfica, y, de la misma manera que un hábil bailarín o una bailarina crean una coreografía y manipulan la inmovilidad, el ritmo y la expresión, nosotros nos volveremos hábiles en el manejo de todos estos aspectos. Después de eso, la vida se volverá en verdad disfrutable. Porque cuando la energía y el mundo sensible se relajan, la mente permanece nítida y abierta, y el cuerpo se mueve con sutileza y elegancia. Cuando nada nos presiona, toda nuestra actividad se transforma en un baile, en una celebración.

La práctica

Hay cuatro técnicas suaves de respiración que resultan en particular útiles para lidiar con la energía de movimiento ascendente. Estos métodos vuelven a entrenar a la energía para que descienda al nivel del ombligo, que es su lugar de reposo natural, y para que permanezca ahí. Son prácticas benéficas que se realizan de manera independiente, pero también pueden llevarse a cabo en conjunto para que el entrenamiento tenga un mayor alcance:

1. Respiración diafragmática o "respiración de bebé".
2. Examinación del cuerpo y detección de la energía en aceleración.
3. Conexión de la energía en aceleración y de la conciencia con la respiración para hacer descender todo al nivel del ombligo.
4. Un método muy sutil que se basa en la intención, pero con un control muscular mínimo.

Método #1: Respiración diafragmática o "respiración de bebé"

Por lo general, cuando nos asustamos, cuando nuestra emoción se activa, o cuando nos sentimos estresados, respiramos más rápido, de forma más superficial y, sobre todo, a la altura del pecho. Esto sucede inconscientemente, pero con el paso del tiempo se puede convertir en un hábito y el cuerpo llega a olvidarse de respirar de manera natural y relajada. En la tradición budista de donde provengo, creemos que respirar de forma profunda es la manera natural de hacerlo.

Encuentra una posición relajada para trabajar con tu respiración. Puede ser sentado o recostado. Si te sientas, ya sea en el suelo o en una silla, trata de encontrar una postura que te permita mantener la espalda recta, pero no tensa; erguida pero relajada. La posición de los pies y de las manos no es tan importante porque el cuerpo de cada persona es diferente. Trata de colocarte en distintas posiciones y encuentra la que te permita sentirte erguido pero relajado. No importa qué postura adoptes, lo esencial es que te mantengas distendido.

CONSEJO: *Si estás sentado en una silla, trata de cruzar las piernas o de sentarte de tal forma que tus pies queden bien plantados en el piso. Si no lo logras, no te preocupes. En caso de que estés recostado, trata de mantener la columna vertebral derecha y, de ser posible, flexiona las piernas para que los pies queden bien plantados en el suelo.*

A continuación, coloca las manos en la parte inferior de tu vientre. Los pulgares deberán estar más o menos al nivel del ombligo. Relaja hombros y brazos. Empieza a respirar con suavidad desde el abdomen y permite que el vientre y las manos asciendan y desciendan con cada inhalación y exhalación. Este movimiento ayuda a que la conciencia se asiente, se estabilice. Trata de relajar por completo el cuello, los hombros y el pecho, de tal suerte que no haya tensión. Permite que la parte superior del cuerpo descanse y que la parte baja del abdomen se encargue de la mayor parte del movimiento.

CONSEJO: *Si te cuesta trabajo encontrar el aliento en el abdomen o relajarte con él, intenta recostarte bocarriba con las piernas flexionadas y los pies bien plantados en el suelo. Coloca sobre tu vientre un objeto pesado de tamaño regular como un libro grande. Cuando estés practicando la respiración diafragmática, siente el suave movimiento de ascenso y descenso. Esto le ayudará a tu cuerpo y a tu conciencia a asentarse para esta práctica.*

Cuando te sientas relajado y el ritmo de tu respiración sea regular, inhala de forma más profunda y permite que el vientre y las manos asciendan y desciendan con cada respiración. Luego toma descansos breves cada vez que el aire esté completamente dentro y fuera. Es decir, después de exhalar haz una pausa de algunos segundos antes de la siguiente inhalación. Al final de la inhalación deberás contener la respiración unos segundos antes de empezar a exhalar. Estos descansos breves deberás percibirlos como momentos de relajación y comodidad, así que no contengas el aliento hasta sentir que te falta o que te cuesta trabajo respirar. Esto no es una competencia, contener la respiración más tiempo no significa hacerlo mejor. Lo que estás haciendo es un entrenamiento gradual, estás explorando una nueva manera de respirar.

CONSEJO: *Un día puedes tratar de identificar cuál pausa te resulta más útil, es decir, si la que haces al contener el aliento o la que haces al no respirar después de haber exhalado. Practica más la que te haga sentir mejor. Con el tiempo notarás tu avance, cuando te sientas más* *cómodo sin respirar después de haber exhalado y cuando puedas retener el aliento durante más tiempo de forma natural.*

Por último, solo continúa relajándote y practicando la respiración diafragmática. Permite que tu cuerpo disfrute del profundo ritmo que se crea al respirar con el abdomen, deja que tu sistema se apacigüe y se olvide de todo, como un bebé que descansa sin que nada en el mundo lo inquiete. Continúa así todo el tiempo que te sientas cómodo. Este método de respiración abdominal profunda tiene muchos beneficios por sí mismo, así que ni siquiera necesita hacerse en conjunto con las técnicas subsecuentes.

Método #2: Examinación del cuerpo

El objetivo de la *examinación del cuerpo* es encontrar nuestra energía en aceleración y conectarnos con ella, conectarnos con nuestros sentimientos de ansiedad o inquietud. Es importante que para esta técnica seas amable y curioso porque, de otra manera, empezarás a ver a la celeridad como el enemigo o como una enfermedad, como un niño demasiado estimulado. Este método es un poco distinto de las otras técnicas tradicionales de examinación del cuerpo como las que se enfocan en la "conciencia de la no elección" (*choiceless awareness*), ya que, en este caso, elegimos prestarle atención a algo específico: la energía en aceleración. Como en el caso de la primera técnica, esta tiene muchos beneficios por sí misma, pero también sirve como preparación para la tercera práctica llamada *khumbaka* o "respiración sutil del bote o recipiente".

En primer lugar, busca una postura cómoda que te permita mantener la columna vertebral recta y, al mismo tiempo, el cuerpo relajado. Puede ser sentado o recostado. Empieza con la práctica de la caída o descenso, realízala durante varias respiraciones. Si tienes tiempo, haz algunos minutos de respiración profunda.

Después lleva tu conciencia a tu cuerpo sensible energizado y explóralo hasta encontrar la energía en aceleración. Hay dos modos de explorarlo: moviendo la conciencia a través del cuerpo o llevando la conciencia de forma directa adonde se necesita. Si ya ubicaste la energía en aceleración, puedes ir directo a ella; de lo contrario, mueve la conciencia de manera relajada y recorre la cabeza, el cuello, los hombros, y la parte superior de la espalda y el pecho. Recuerda ser curioso y sutil. Debes enfocarte en llevar a cabo una conexión directa con las sensaciones y los sentimientos, en este punto no tenemos ningún otro objetivo. No buscamos ni sensaciones ni sentimientos en particular, y tampoco estamos tratando de modificar nuestra experiencia, solo exploramos la celeridad y la inquietud.

Las sensaciones y los sentimientos relacionados con la energía en aceleración pueden ser bastante sutiles. A medida que explores notarás sensaciones físicas más crudas como tensión, vibraciones y zumbidos. Continúa realizando esta práctica, explora una y otra vez, y solo conserva la curiosidad y mantente abierto a todo lo que sientas.

Método #3: Respiración sutil del bote o recipiente con retención

Este método es una versión más suave de la técnica clásica conocida como *respiración del bote o recipiente*. A pesar de que esta versión modificada puede llevarse a cabo sin supervisión, por favor, sigue las instrucciones y escucha a tu cuerpo.

La *respiración sutil del recipiente* permite unir todo. Aquí aprovechamos las habilidades adquiridas gracias a la respiración diafragmática y la exploración corporal, y aprendemos a reunir la respiración, la energía en aceleración y la conciencia para conectarlas debajo del ombligo. Esta práctica deberá repetirse varias veces porque con ella vamos a *volver a entrenar un hábito energético*. Es muy importante que el cuerpo permanezca relajado y que la presión sea *muy suave*, ya que tensar y ejercer demasiada presión podría resultar contraproducente y desequilibrar más la energía. Si tensamos demasiado, en especial en la zona superior del vientre, alrededor del plexo solar y del esternón, podríamos sentir que la energía se bloquea, y esto haría "saltar" de nuevo la energía al pecho y la cabeza, lo cual podría hacernos sentir incluso peor por un momento.

Esta es una práctica sutil, así que tendrás que jugar con ella hasta encontrar el equilibrio adecuado. Podemos usar dos metáforas para ayudarnos a visualizar y comprender lo que debemos hacer: *la cafetera francesa* y *el globo*. Estas técnicas podrían producir experiencias distintas, así que juega con cada una e identifica cuál te resulta más natural y benéfica.

Empieza por adoptar una postura que te permita mantener la columna vertebral derecha y el cuerpo relajado al mismo tiempo, ya sea sentado o recostado. Tómate algunos minutos para preparar el cuerpo y luego explóralo para detectar la energía en aceleración, es decir, cualquier señal de inquietud, ansiedad o ajetreo. Una vez que sientas que estás conectado con la energía, pasa a la siguiente etapa.

LA CAFETERA FRANCESA: Permanece relajado y anclado, exhala por completo. Mientras inhales a través de las fosas nasales, imagina que la respiración se mezcla con la energía acelerada e inquieta, y que la presiona con suavidad, de la misma manera que, en la cafetera francesa, el émbolo presiona el filtro con los granos molidos de café hacia el fondo de la jarra de vidrio. La energía en aceleración está siendo expulsada de la parte superior del cuerpo hacia el estómago, para llevarla hasta su morada natural, debajo del ombligo. Ahora contén el aliento y mantén la energía ahí algunos segundos.

La energía necesita mantenerse en el "recipiente", por lo que debemos presionar hacia abajo con *mucha sutileza*, utilizando los músculos que usamos para evacuar. Luego debemos mantener la energía ahí, pero no es necesario presionar con fuerza. Exhala por completo y después inhala y repite varias veces.

EL GLOBO: Desde el punto de vista físico, podría decirse que esta es la misma práctica; sin embargo, a muchas personas les resulta demasiado intensa la imagen de la cafetera francesa y las hace presionar demasiado fuerte. Por esta razón, en lugar de pensar en la cafetera, imagina que, en tu vientre, debajo del ombligo, hay un globo. En esta versión no vamos a imaginar que presionamos algo desde arriba. Cada respiración llenará el globo y cada exhalación lo vaciará.

Mantente relajado y anclado, exhala por completo y vacía el globo. Cuando inhales, imagina que el balón vacío succiona el aliento y la energía en aceleración, y se llena debajo del ombligo. Cuando se llene, "pellizca" con suavidad la parte superior para evitar que la energía se escape. Esto lo deberás hacer utilizando, con mucha delicadeza, los músculos que usamos para evacuar. Contén el aliento por algunos segundos, luego exhala por completo y repite varias veces.

Cuando contengas el aliento, es importante que no lo hagas hasta que te sientas agotado y comiences a dar bocanadas. Empieza haciéndolo algunos segundos y, poco a poco, ve aumentando el tiempo a medida que pasen los días y las semanas. Si practicas con regularidad, tu capacidad aumentará de forma natural y no tendrás que forzar nada. Si empiezas con, digamos, dos o tres segundos, por ejemplo, podrías aumentar hasta aguantar diez, luego quince y después veinte.

Este trabajo gradual es muy benéfico porque aumentar la retención suele ser señal de más relajación en el cuerpo sutil y de un mayor control de las energías.

Si sientes presión en la cabeza o el pecho, si te sientes mareado o aturdido, es posible que estés tensando, presionando mucho o conteniendo el aliento demasiado tiempo. En ese caso, deberás abandonar la práctica y relajarte un rato. Intenta hacer con suavidad las técnicas de respiración diafragmática y exploración corporal para ver dónde se está acumulando la tensión. En cuanto la ubiques, trata de relajar esa zona.

Método #4: La manera supersutil

Este último método es para cuando dominemos las otras técnicas hasta cierto punto. Cuando nos sintamos cómodos con la respiración diafragmática y podamos conectar la energía en aceleración con la conciencia, y hacerla descender con regularidad para colocarla en su residencia natural, debajo del ombligo, podremos intentar esta cuarta técnica. Ya creamos un vínculo entre la energía y la conciencia, y ahora podemos usarlo para disminuir la energía en aceleración casi sin esfuerzo. Tal vez las técnicas anteriores nos resulten muy útiles, pero cuando nos ponemos de pie para enfocarnos en otras actividades, la energía en aceleración se relanza y se vuelve a activar. Después de todo, si contenemos el aliento, ¡no podemos hablar ni interactuar con otros de manera normal! Esta técnica nos ayuda a enlazar las distintas prácticas con la vida diaria, y nos permite mantener algunos beneficios mientras hablamos, nos movemos, trabajamos y vivimos nuestra vida.

Empieza a conectarte mentalmente con la energía en el cuerpo y a exhalar. Cuando inhales, imagina que llevas la respiración, la energía y la conciencia a la zona debajo del ombligo. Una vez que hayas aplicado cierta cantidad de presión muscular, algo que sea solo un recordatorio para el cuerpo, conserva un diez por ciento de la energía y respira en el "recipiente". Inhala y exhala de manera natural en la parte superior, pero mantén el pecho y los hombros relajados. Sé lo más natural y normal posible. Esta práctica es tan sutil que nadie se dará cuenta de que la estás realizando.

Al principio, la vida nos distraerá de forma constante y nos hará interrumpir esta sutil práctica, pero cada vez que eso suceda, bastará con que respiremos una vez para volver a conectarnos. Solo repite varias veces, de esta manera te formarás un nuevo hábito y cada vez te será más sencillo practicar. Te sentirás más "anclado" y firme a lo largo del día. De pronto notarás que varias situaciones que antes eran estresantes ahora son más fáciles de manejar. ¡Es una técnica muy útil para cuando asistes a largas reuniones de trabajo!

DANIEL GOLEMAN: LA CIENCIA

Mi esposa y yo nos dirigíamos a la estación de trenes de Delhi, íbamos en un taxi con Tsoknyi Rinpoche y era marzo del año 2000. Teníamos reservaciones para viajar en un tren que nos llevaría hasta Dharamsala, donde yo moderaría una reunión del Dalai

Lama con varios psicólogos. El tema que se trataría era las "Emociones destructivas".

Salimos con bastante anticipación, pero el tráfico empezó a jugar en nuestra contra y a comerse la ventaja que teníamos. Para ser franco, comencé a estresarme y a preocuparme, cada minuto que pasaba, yo sentía que perderíamos el tren. Una emoción destructiva se apoderó de mí.

Mi ansiedad llegó a su límite cuando el taxi se detuvo en un semáforo en rojo, en el cruce de dos grandes avenidas que, más que calles, parecían un enorme estacionamiento repleto de automóviles, una que otra carreta de bueyes, bicitaxis e incluso una vaca. El semáforo nos detuvo demasiados minutos.

En medio de la luz roja había una palabra en letras plateadas que no tuvo ningún efecto en mi estado de ánimo: *relájate*. No podía hacerlo, al contrario, me tensé más. La cabeza me daba vueltas, comencé a percibir un enjambre de colores, sonidos y aromas que giraban a nuestro alrededor como un huracán. Aunque los vehículos en los carriles ya no se movían, los conductores no dejaban de mostrar su impaciencia con la cacofonía de sus cláxones. Empecé a experimentar una gran sensación de urgencia en medio del embotellamiento, parecía un pretzel sin ritmo ni razón que nunca se desenredaría.

—¡Ay, no! —le dije a Rinpoche—. El tráfico está imposible, estoy empezando a preocuparme, creo que vamos a perder el tren.

—¿Puedes sentir la celeridad? ¿Puedes ubicarla? —me preguntó Rinpoche con voz calmada.

Cerré los ojos y exploré mi cuerpo, noté alboroto y una tensión creciente en el vientre. Asentí.

—Encuéntrala, encuéntrala. No eres tú, no está en tu mente ni en tu cuerpo. Es tu energía —continuó Rinpoche—. Primero percibe la celeridad y la manera en que se siente en tu cuerpo. Luego entiende que te estás sintonizando con el mundo sensible. Encuentra en qué parte de tu cuerpo sientes la celeridad de la energía, luego inhala y contén el aliento debajo de tu ombligo todo el tiempo que te resulte cómodo. Exhala poco a poco, pero conserva un diez por ciento del aire.

En cuanto comprendí lo que había dicho, inhalé profundamente y luego exhalé con lentitud.

Rinpoche me guio durante varias respiraciones y, como por arte de magia, la tensión se diluyó. La luz del semáforo cambió, los automóviles volvieron a moverse y empecé a sentirme más relajado.

En ese preciso instante, Rinpoche me guio para aplicar las técnicas de la examinación del cuerpo y la respiración sutil del recipiente. Como explicamos antes, este método es una de las varias maneras en que puedes trabajar con tu respiración para calmar tu energía nerviosa.

Estas prácticas de control de la respiración son muy antiguas en la India y, junto con el budismo, llegaron al Tíbet entre los siglos IX y XI. Varias de las prácticas de control de la respiración se han preservado y continúan enseñándose en varios ámbitos del budismo tibetano hasta la fecha.

¿Cuál es su propósito? Calmar la mente para la meditación. Y la ciencia está de acuerdo en que funcionan.

Resulta que existen investigaciones sólidas que confirman el poder de estos métodos de respiración. En décadas recientes, los investigadores se han fijado en estos métodos y comprendido que su uso tiene un impacto importante en nuestro estado mental. En resumen, manejar nuestra respiración puede ayudarnos a manejar nuestra mente.

En el sistema de circuitos emocionales del cerebro hay partes esenciales que se activan con las órdenes de la amígdala, es decir, el radar neuronal que detecta las amenazas. Debido a lo estresante de la vida actual, la amígdala se dispara con más frecuencia de la necesaria, y la celeridad que produce se suma a nuestra tensión.

Esto nos lanza a una actividad del "sistema nervioso simpático", la cual prepara a nuestro cuerpo para una emergencia: el ritmo cardiaco y la tensión arterial se aceleran, los bronquios se agrandan y respiramos más rápido; la digestión colapsa; la sangre abandona nuestros órganos y se dirige a los brazos y las piernas para aumentar nuestra capacidad para correr. Además, sudamos.

Las hormonas como la adrenalina y el cortisol desencadenan estas respuestas de emergencia, movilizan a todos los sistemas y los preparan para actuar. Sin embargo, esta reacción biológica se desencadena con demasiada frecuencia en la actualidad, ya sabes: *¡Ese conductor que maneja superlento! ¡Ese conductor que va a toda velocidad! ¡Los problemas con los hijos! ¡Mi espantoso jefe!*

Una vez que las hormonas del estrés nos recorren, es más fácil que se desencadene en nosotros una reacción de estrés y, como ya lo mencionamos, hoy en día también reaccionamos a amenazas simbólicas, como cuando sentimos que alguien nos trata de manera injusta. Es decir, esta reacción no solo la tenemos frente a las emergencias relacionadas con la supervivencia física para las que fue diseñada, sino todo el tiempo. Claro, que te traten de manera injusta produce una sensación desagradable, pero no es la amenaza inmediata a la vida para la que fue diseñada la respuesta lucha/huida. A pesar de ello, cada vez que percibimos una amenaza psicológica como la que representa el maltrato, la maquinaria biológica de la supervivencia física también se involucra.

En un solo día podemos sufrir muchas veces esta reacción de lucha/huida y, para colmo, a menudo ni siquiera le da tiempo de terminar. El hecho de tener una reacción permanente y prolongada de este tipo ejerce una sobrecarga en nuestra biología y nos pasa la factura a largo plazo: inflamación exacerbada, disminución de las capacidades del sistema inmunitario y mayor susceptibilidad a toda una serie de enfermedades que el estrés empeora.[1]

Durante el tiempo que estamos en modo de emergencia, la atención se enfoca en la supuesta amenaza. Incluso cuando tratamos de hacer algo más importante, permanecemos preocupados por lo que nos agitó. La respuesta es tan fuerte que pueden dar las dos de la mañana y nosotros seguir pensando en la amenaza y cómo lidiar con ella. Como se explicó en el Capítulo 2, este tipo de preocupación ansiosa no tiene un propósito útil. Algunas personas se ponen tristes o se enojan, otras entran en pánico. No hay una respuesta establecida, pero lo cierto es que ninguna de las reacciones posibles nos ayudará.

Ahora compara esta situación con la "respuesta parasimpática", es decir, el estado físico en el que el cuerpo descansa y se recupera del estrés. El ritmo cardiaco y la tensión arterial disminuyen y la respiración se desacelera, al igual que todas las otras reacciones biológicas que tuvimos ante la emergencia. La digestión reinicia como de costumbre. Se trata de un estado biológico en que el cuerpo descansa, se restaura y se relaja. Podemos comer, tener relaciones sexuales y dormir.

La respuesta de emergencia del cuerpo tiene un inicio, es decir, el momento en que se desencadena; una cima en medio y, si tenemos la oportunidad de calmarnos, un final. Eso es lo que nos ofrece el método de respiración controlada de Rinpoche: terminar con el ciclo de estrés que se apodera de nosotros.

La meditación como un medio para reducir el estrés

Después de pasar quince meses en la India y conocer a muchos sosegados practicantes de los métodos asiáticos para entrenar a la mente, volví a Harvard teniendo muy presentes los beneficios de las prácticas yóguicas como los métodos de control de la respiración que aquí se presentan. Cuando estuve con todos esos avezados yoguis, lamas y maestros comprendí que tenían en su poder algo valioso, un método para manejar nuestra mente, algo de lo que la psicología contemporánea no se percataba.

En aquel tiempo, a principios de los setenta, yo estudiaba un doctorado en psicología clínica en Harvard. Como en esta área dominaba la perspectiva psicoanalítica de la mente, los académicos no se mostraban muy abiertos a otras opiniones. Mis profesores eran muy cerrados respecto a cualquier tema que tuviera que ver con la conciencia, en especial todo lo que venía de Oriente. Esto fue aún más obvio cuando Richard Davidson, mi compañero de posgrado, propuso llevar a cabo una investigación sobre los métodos orientales de entrenamiento de la mente, y le dijeron sin menoscabo que eso "terminaría con su carrera".[2]

Yo también quería hacer un estudio similar para mi tesis, pero tendría que encontrar un comité de académicos que evaluaran mi trabajo y lo avalaran, y, claro, ninguno de mis profesores estaba interesado. David McClelland, un aliado mío entre los académicos, encontró a un médico de Harvard Medical School que estuvo dispuesto a pertenecer al comité: el cardiólogo Herbert Benson.

El doctor Benson había realizado un estudio preliminar que mostraba que la meditación parecía disminuir la tensión arterial, un efecto que resultaba muy interesante para los cardiólogos. Continuó trabajando en este descubrimiento y, más adelante, escribió un libro intitulado *The Relaxation Response*, el cual se convirtió en bestseller.[3] La "respuesta de relajación" era un término más sencillo para hablarles a los lectores de la "estimulación del sistema nervioso parasimpático", serie de palabras que, lo admito, resultan incomprensibles.

El doctor Benson describió lo que ahora mucha gente sabe, pero en aquel tiempo todos ignoraban: durante la respuesta de relajación, el cuerpo se mueve y entra en un estado de relajación profunda, el cual permite que se presente el modo biológico de recuperación de la estimulación de la emergencia que genera la reacción lucha/huida.

El doctor Benson vio las prácticas orientales que desencadenan la respuesta de relajación como una intervención no médica que podría ayudarle a gente que sufría de toda una serie de problemas médicos que el estrés exacerbaba, como la hipertensión y el asma, entre muchos otros. Benson enfocó su interés en métodos mentales como la meditación, a la cual sacó de su contexto espiritual original para hacerla accesible a cualquier persona sin importar sus creencias religiosas o la ausencia de estas.

Otros métodos similares para el entrenamiento de la mente, provenientes de las tradiciones orientales, también incluían técnicas de control de la respiración, pero el doctor Benson no los estudió en ese momento. De hecho, los científicos empezaron apenas hace poco a analizar qué sucede en el cuerpo y el cerebro cuando aplicamos métodos de control de la respiración para, de manera específica, desacelerarla, porque, en efecto, el estrés y la ansiedad aceleran la velocidad a la que respiramos.

En general, gracias a los estudios que analizan el impacto que tiene la desaceleración de la respiración en el cerebro, la mente y el cuerpo, se ha descubierto que hay un cambio importante para el modo parasimpático. Hace mil o dos mil años, después de haberle explicado cómo funciona el sistema parasimpático, esto no habría sido novedad para ningún yogui. Por todo esto, desde la Antigüedad se han incluido métodos de control de la respiración en toda una serie de prácticas espirituales.

Hay varias maneras en que podemos controlar la respiración: desacelerándola; inhalando de una forma más profunda; y modificando el tiempo de inhalación y exhalación, entre muchas otras.

Quizá ya estés probando estas técnicas mientras lees el libro, pero, de no ser así, te exhorto a que lo hagas ahora. Solo experimenta y descubre que asumir el control de tu respiración puede cambiar tu estado mental o físico. Toma en cuenta que acabamos de aprender cuatro métodos que se basan en estas variaciones de la respiración natural para lidiar con nuestra energía en aceleración.

Los antiguos métodos del control de la respiración, llamados *pra-nayama* en sánscrito, aprovechaban estas formas de control de la respiración en mayor o menor medida. Las investigaciones modernas sobre este tema han sacado dichos métodos de su contexto espiritual y los han llevado al laboratorio para investigar qué beneficios podrían generar este tipo de ejercicios para el bienestar, la salud, la relajación y la lucha contra el estrés. En este proceso, los científicos han tenido que separar el control de la respiración del entrenamiento mental, el hatha yoga y otras prácticas con las que se le ha relacionado desde la Antigüedad.

El análisis más estricto de los hallazgos científicos sobre el control de la respiración se enfoca en los beneficios que recibe el individuo al disminuir hasta diez o menos respiraciones por minuto, dado que la cantidad normal es de entre doce y dieciséis.[4] Este análisis excluyó el estudio de métodos que no implicaban el control de la respiración, como es el caso de la atención consciente, técnica en la que la persona solo cobra conciencia de su respiración, pero no trata de modificarla. También se excluyeron los estudios en los que la gente reportó cómo se sentía, ya que los científicos consideraron que estos reportes personales eran menos confiables que mediciones objetivas como las de las ondas cerebrales, las cuales no son susceptibles a verse afectadas por los sesgos que podrían generar las expectativas de los participantes.

Disminuir a seis respiraciones por minuto tuvo un efecto asombroso en la variabilidad del ritmo cardiaco, un indicador de buena condición física que se mide con base en el intervalo entre los latidos del corazón. Nuestro ritmo cardiaco es el resultado de la interacción de varias fuerzas biológicas, las dos principales son el modo lucha/huida, que lo acelera; y el modo de relajación, que lo ralentiza. Por desgracia, el frenético ritmo de la vida moderna hace que la gente suela tener un ritmo cardiaco más elevado, lo cual implica intervalos más breves entre los latidos.

Tal vez parezca contradictorio, pero tener de forma alternada intervalos más extensos o breves es un indicador de la disposición biológica a adaptarnos a exigencias cambiantes. La diferencia en los intervalos es resultado de este permanente estire y afloje entre dos ramas del sistema nervioso: la simpática y la parasimpática. Si cuando estamos descansando la diferencia del intervalo es más bien poca, significa que una de las ramificaciones, por lo general la de la reacción lucha/huida, ha asumido el poder. Esto es indicador de estrés constante. Por esta razón, los científicos que hicieron el análisis sugieren que el hecho de que se presente variación en el intervalo entre los latidos podría indicar que el individuo se encuentra en el sano modo de relajación, lo cual parece ser una explicación biológica de los cambios positivos que la respiración lenta ofrece. En un estudio de la respiración lenta se considera que este aumento en la variabilidad del ritmo cardiaco es un pasaje a un óptimo funcionamiento neuronal y biológico, es decir, a un estado de "relajación alerta".[5]

Para resumir todos estos estudios, podemos decir que, junto con esta sana variabilidad en el intervalo entre los latidos, la gente que practicó la respiración lenta reportó sentir tranquilidad y comodidad, estar más relajada, tener energía positiva y una sensación agradable en general. Estos resultados se produjeron cuando la gente desaceleró su respiración a diez respiraciones por minuto; sin embargo, los beneficios fueron aún mayores cuando las redujeron a seis. En ambos casos, la ralentización de la respiración proveyó más beneficios para la salud que la respiración a la velocidad usual.

La respiración lenta también parece ejercer un cambio significativo en la función cerebral. De acuerdo con los estudios que implicaron la realización de electroencefalogramas, la respiración lenta produjo ondas alfa sincronizadas, lo que significa que el cerebro entró en un estado de descanso, como cuando el motor de un automóvil permanece en reposo. Este cambio en el estado cerebral se relaciona con otros beneficios como la disminución en la ansiedad, el enojo y la confusión, así como en un aumento de la sensación de vigor.

Aunque por el momento hay muy pocas investigaciones para hablar con certidumbre, la respiración lenta parece conducir al cerebro y a los sistemas cardiaco y respiratorio a la "respuesta de relajación", es decir, el estado de recuperación, restauración y alerta relajada. Esto fue justo lo que percibí en los maestros de la contemplación que conocí cuando estuve en la India, y lo que Tsoknyi Rinpoche me mostró cuando me estresé demasiado frente aquel semáforo en rojo en Delhi.

MONSTRUOS HERMOSOS

TSOKNYI RINPOCHE: LA EXPLICACIÓN

Mi infancia transcurrió en Nepal y luego en la India, y a partir de los trece años me educaron lamas budistas tibetanos: una manera bastante privilegiada y generosa de crecer. Las condiciones físicas eran bastante elementales en aquel tiempo, pero la parte humana fue muy rica. Crecí rodeado de mentores amables, brillantes y cariñosos que me transmitieron útiles herramientas para lidiar con mi mente, mi vida y mi trabajo. Y, por supuesto, yo los admiraba en muchos sentidos.

No obstante, cuando llegué a la adolescencia empecé a observar y sentir nuevos tipos de patrones emocionales y luchas interiores.

En algún momento me inscribí en un intenso programa de estudios en el que siempre estaba tratando de ponerme al día porque lo había iniciado tardíamente. Uno de los textos clásicos que estudié era sobre los pensamientos buenos, los malos, y sus fatídicas consecuencias. Como el texto sugería analizar todos los que surgieran en mi mente, comencé a observar cada uno de una manera muy intensa, y me sentí cada vez más aterrado y obsesionado porque ¡vi demasiados pensamientos negativos que no podía controlar! Mi mente se fue llenando de una crítica tras otra, y de una serie de emociones desoladoras. Yo estaba consciente de todo, por lo que cada vez me aterraba más el karma negativo que parecía estar acumulando. También me juzgaba a mí mismo con mucha dureza por tener esos pensamientos y emociones negativos, y me sentía atrapado en un bucle de retroalimentación perjudicial. Perdí el equilibrio y me volví un poco neurótico, estaba en un espacio muy incómodo. La experiencia duró meses.

Por suerte, cuando terminó el ciclo escolar pude viajar a casa y visitar a mi familia. Entonces mi padre me orientó y logré salir de ese espacio negativo, pero la experiencia me enseñó varias lecciones muy valiosas. Aprendí, por ejemplo, que a pesar de aplicar la atención consciente ¡las cosas podían salir mal! Es decir, yo prestaba atención a todos mis pensamientos, pero no sabía qué hacer con ellos. La atención consciente es una herramienta poderosa, pero necesitamos complementarla con otras cualidades para equilibrarla y para que se convierta en un verdadero sendero. También aprendí, por ejemplo, que necesitamos bondad amorosa, paciencia, integridad y reflexiones profundas porque, sin todo esto, la atención consciente puede llegar a dominarse y usarse para cualquier propósito, como mentir con más eficiencia, manipular mejor o dañar a otros. Cobrar conciencia de nuestros pensamientos y emociones es un buen primer paso, pero si no contamos con una técnica, con reflexión y perspectiva, no hay garantía de que podremos trabajar con ellos de una manera eficaz.

Tiempo después, cuando me convertí en un joven, también enfrenté el desafío de la presión y las expectativas masivas. A nosotros, los monjes lamas, nos exigían tener un nivel casi imposible de alcanzar, y el hecho de internalizar ese nivel, como muchos lo hicimos, bastaba para paralizarte y transformarte en un manojo de tensión. Esperaban que actuáramos casi como si fuéramos perfectos, como los héroes idealizados salidos de las historias de vida de nuestros predecesores, quienes, en muchos casos, fueron renunciantes y vivieron en la época premoderna. En cuanto acabábamos nuestros estudios, poco antes de cumplir veinte años, o incluso a los veintitantos, se esperaba que no tuviéramos necesidades personales, pero, al mismo tiempo, debíamos asumir responsabilidades enormes. Estas expectativas eran complejas y, con frecuencia, contradictorias. Se esperaba, por ejemplo, que pudiéramos administrar nuestros monasterios y conventos de manera profesional, y que fuéramos capaces de recaudar fondos, pero al mismo tiempo, no debíamos ser "mundanos". Yo tenía que trabajar bajo este tipo de imposiciones y encontrar la forma de equilibrar todo: cumplir con mis responsabilidades, pero también ser una persona natural, relajada y libre, ya que estas son las características esenciales para la práctica de las enseñanzas que recibí de mi estirpe.

Cuando comencé a viajar y a enseñar a otros, era todavía muy joven. La gente a la que iba conociendo tenía un condicionamiento cultural y educativo distinto al que los tibetanos estábamos acostumbrados. Muy pronto comprendí que para ser un maestro de meditación eficiente y en verdad beneficiar a personas de otras culturas, tenía que comprender sus patrones emocionales y psicológicos específicos. Por eso empecé a buscar gente con la que pudiera hablar, de la que pudiera aprender, en especial, de practicantes de psicología y psicoterapia occidental. Quería saber cómo entendían ellos estos patrones y cómo los trabajaban.

Tenía una amiga de toda la vida que, casualmente, era la psicoterapeuta Tara Bennett-Goleman y compartió muchos de sus conocimientos conmigo. En muchas ocasiones hablamos durante horas sobre cómo se forman los esquemas psicológicos o patrones emocionales, y de qué manera podían ser curados. Yo la cuestioné respecto a ciertas creencias y ella hizo lo mismo conmigo. Gracias a estos diálogos comprendí que algunas de las reflexiones de la psicoterapia moderna podían servir como complemento a nuestra comprensión budista tradicional de los patrones emocionales, las heridas y la sanación. En una ocasión, por ejemplo, describí ciertas maneras tradicionales de considerar las emociones y la forma de trabajar con ellas. Mi amiga reconoció que dichas perspectivas y técnicas eran válidas, pero me dijo que le inquietaban la sensibilidad excesiva y el dolor que mucha gente experimentaba en los tiempos modernos. Trató de convencerme de que el dolor podía ser un desafío muy significativo y, por lo tanto, se necesitaba de una dulzura especial para sanarlo. Al principio, no estaba seguro, pero poco a poco empecé a apreciar más sus ideas y a notar algunos de los impedimentos emocionales que les dificultaban a mis estudiantes su práctica espiritual.

En nuestra tradición decimos que las semillas kármicas y ciertas condiciones temporales se combinan y le dan forma a nuestra experiencia con todos sus altibajos. Las semillas kármicas son huellas de las acciones físicas, verbales y mentales que se almacenan en nuestra conciencia y que, cuando las causas y las condiciones son adecuadas, maduran y se convierten en varias experiencias. Esto es correcto en general; sin embargo, me gustaría mencionar que los terapeutas occidentales describen con gran detalle y matices el desarrollo relacional y emocional a partir de la infancia, lo cual me ha permitido comprender que los patrones de mucha gente la separan de su mundo sensible, mientras que otros que están más en contacto con este perciben que tienen, en el mejor de los casos, una relación tensa. La mente juzga y trata de controlar el mundo sensible con demasiada frecuencia. Esquemas, patrones, heridas causadas por relaciones, traumas… todos estos conceptos han servido para refinar mi comprensión de nuestros mundos emocionales y también me han ayudado a adaptar las técnicas de meditación tradicional para que sean más relevantes.

Cuando era adolescente y tenía aquellas dificultades con los pensamientos negativos, el problema no eran solo los pensamientos, también había una cuestión proveniente de una zona más profunda del mundo sensible. En aquel tiempo traté de lidiar con el asunto como si solo se tratara de la mente, es decir, sin trabajar con los sentimientos subyacentes. Tampoco tenía una comprensión sólida del mundo sensible ni de cómo funcionaba, no sabía cuántos pensamientos se arraigaban en él. Las enseñanzas, el amor y el cuidado que me proveyó mi padre, Tulku Urgyen Rinpoche, me ayudaron a salir de aquel dilema de juventud. Y, tiempo después, gracias a mis conversaciones con Tara, comprendí que, aunque muchos tenemos fuertes problemas con los pensamientos, la raíz suele encontrarse en el mundo sensible, un aspecto que no cuidamos. Aprendí un lenguaje para hablar sobre este aspecto de nuestra experiencia, es decir, del lugar donde se encuentran los pensamientos y sentimientos.

Por todo esto, creo que este capítulo nos dará la oportunidad de hablar de estas dificultades y de ser más realistas. Todos tenemos dificultades, créeme, si tú no sufres, no eres normal. He conocido a unas cuantas personas que aseguran no haber tenido problemas emocionales, pero a mí me parece que solo están adormecidas porque todos tenemos heridas o, al menos, varios rasguños de nuestros primeros años.

Algunas de esas dificultades podemos pensarlas como *amor herido*, es decir, situaciones en las que no recibimos el amor y respeto que sentíamos merecer. Tal vez el amor que recibimos fue condicional, quizá solo nos lo brindaban cuando teníamos un buen desempeño. Tal vez incluso empezamos a creer que no éramos dignos de ser amados. Estas experiencias nos dañan, afectan nuestras relaciones con otros y con nosotros mismos; pueden conducirnos a patrones de resistencia o defensivos que nos dificultan las cosas y nos impiden sentirnos anclados en la calidez de nuestro corazón, sentirnos presentes con nosotros y con otros de una manera sana. Naturalmente, también hay otras dificultades: ansiedad, depresión, críticas y pensamientos neuróticos.

Los sentimientos y emociones en bruto pueden ser abrumadores, atemorizantes y poderosos, nos hacen temer una pérdida del control. Por eso, a menudo nos reprimimos, nos ocultamos o huimos. Esta estrategia puede ser práctica, funcional e incluso sensible porque, como rara vez podemos interrumpir una reunión de trabajo y tomarnos veinte minutos para cerrar los ojos, sentir nuestros puntos vulnerables y sutiles, y llorar en calma, es obvio que reprimir o ignorar nuestros sentimientos nos puede ayudar a atravesar una situación difícil. No obstante, esta siempre es una solución a corto plazo. Cuando ignoramos nuestros sentimientos, la mente se mantiene ocupada planeando y ejecutando tareas, y nosotros conservamos la esperanza de que los sentimientos desaparezcan con el tiempo. Si eso no sucede, nos decimos que ya lidiaremos con ellos más adelante. Luego, sin embargo, cuando tenemos tiempo para relajarnos, no nos dan ganas de lidiar con nuestras dificultades, así que nos distraemos y nos adormecemos de innumerables formas.

Tal vez podamos mantener los disgustos ocultos bajo la superficie, pero seguirán afectándonos. Las situaciones y las relaciones continuarán desencadenándolos, exigiéndonos energía continua para reprimirlos o huir de ellos. Cuando evitamos enfrentar nuestros sentimientos complicados, podemos terminar dificultando la relación entre la mente y el mundo sensible. Muchas personas se van adormeciendo poco a poco hasta dejar de sentir. Otras dejan que su mente se convierta en un ente controlador, en una especie de jefe que juzga; y así es como sus sentimientos se transforman en adolescentes iracundos y heridos.

Con el paso del tiempo podría suceder algo muy triste: podríamos cubrir y enterrar el derecho innato que tenemos al bienestar natural a nivel sensorial, a sentirnos bien solo porque sí. En lugar de sentir la chispa de la dignidad, eso a lo que he denominado *amor esencial*, podríamos sentir un vacío. Y cuando el vacío subyace al mundo sensible, de manera inconsciente nos dedicamos a llenarlo sin falla. Muchas de las cosas que hacemos, desde las prácticas espirituales hasta el ejercicio de nuestras relaciones personales, pasando por las rutinas para nuestro cuidado personal, pueden de pronto verse bajo la influencia de propósitos ocultos que, en realidad, solo tienen como objetivo llenar la vacuidad.

La experiencia auténtica y la experiencia relativa distorsionada

La verdad *relativa* es todo lo que experimentamos comúnmente, todo el contenido cambiante de nuestra experiencia, todos los conceptos, percepciones y patrones emocionales, todo el dolor y el placer, el gozo y la lucha, las heridas y la sanación. Le llamamos *relativa* porque siempre depende de las condiciones que interactúan, y podemos desglosarla, analizarla e interpretarla de muchas maneras.

Por ejemplo, decir "heriste mis sentimientos" puede ser positivo a un nivel superficial. Es algo que decimos de forma rutinaria y tiene un significado similar para todos, por eso resulta funcional, pero si prestamos un poco más de atención, veremos que las cosas son más complicadas que eso. En realidad, para que mis sentimientos resultaran heridos, tuvieron que coincidir muchas causas y condiciones. Quizá pensé que me heriste a propósito; tal vez, desde tiempo atrás, estaba preparado para ese dolor de alguna manera; quizá la naturaleza de nuestra relación me hizo tener expectativas; es posible que haya malentendido algo que hiciste o dijiste; tal vez reaccioné de un modo que, al final, me hizo partícipe de mi propio dolor. Por todo esto, aunque sí hubo "sentimientos heridos", si no la examinamos, la sólida noción de "heriste mis sentimientos" podría resultar cierta, aunque solo a un nivel superficial.

La verdad relativa tiene dos dimensiones: verdad relativa *funcional, auténtica*; y percepción relativa *distorsionada y engañosa*. Esta distinción es fundamental para nosotros porque debemos enfocarnos en sanar lo distorsionado y hacerlo parte de lo sano. Todos nos comportamos de maneras distintas, algunos de una forma sana, y otros no tanto. Mucha gente, por ejemplo, se enfrenta a un patrón recurrente: siente que no es valiosa o digna. Es lo que yo llamo "programa distorsionado" porque, en realidad, nadie es ni indigno ni poco valioso. No obstante, hay muchas situaciones que pueden desencadenar este programa. También puede presentarse en todo tipo de relaciones y hacernos sentir y pensar de una manera poco sana. A pesar de todo, es un tipo de daño que puede sanarse y transformarse en una verdad relativa sana.

En el marco de nuestra tradición, hablamos de patrones *kármicos* y *patrones habituales aprendidos*. Los *patrones kármicos* son huellas en lo profundo de nuestra conciencia, son las tendencias esenciales que nos hacen creer en una noción sólida del yo, nos hacen sentir emociones como pasión, cólera, celos y orgullo. Decimos que estas semillas o huellas kármicas pasan de una vida a otra y, creas en esto o no, será muy útil que comprendas que estos patrones son tenaces e inconscientes.

Los *patrones habituales aprendidos* son lo que acumulamos en la infancia de esta vida. Son producto de nuestras experiencias sociales formativas y de las experiencias emocionales, de nuestra relación con parientes, amigos y maestros, en la escuela y el hogar.

Estos patrones conducen a creencias que internalizamos sobre nosotros mismos y sobre otros, y a patrones de comportamiento como la resistencia o la reacción a ciertas situaciones y emociones. Trabajar con creencias puede ser complicado porque las actitudes inconscientes son tenaces: *Enojarse es vergonzoso*, *Cuando era niña, era inaceptable que expresara mi enojo*, *A mí me enseñaron que los hombres no muestran sus sentimientos ni lloran*, *De niño me dijeron que ser emotivo era señal de debilidad*.

Monstruos hermosos

Todos tenemos dificultades, patrones emocionales complejos que complican nuestra vida y nuestras relaciones. Puede ser una sensación de que no se es digno, un sentimiento particular de miedo, santurronería, envidia, o algún tipo de enojo irracional. Hay muchas posibilidades. A menudo, nuestras dificultades nos irritan y nos hacen sentir avergonzados. Nos resistimos y reaccionamos a ellas, a veces incluso las odiamos, pero por lo general, solo queremos que desaparezcan. A mí me gusta llamarles *monstruos hermosos*, pero ¿qué son en realidad?

Los monstruos hermosos son *patrones de reacción distorsionados* ligera o profundamente. Te daré un ejemplo. Si de niños nos sentimos subestimados o poco valorados, como adultos podríamos reaccionar de forma exagerada a la crítica o la culpa. Esta reacción excesiva es un monstruo hermoso.

Cabe mencionar que *hermosos* y *monstruos*, las dos palabras que forman esta frase, son igual de importantes porque, si solo pensamos en ellos como "monstruos" podemos concretar la aversión y odio que les tenemos a pesar de que son sentimientos que solo están en nuestra mente. Y si solo pensamos en ellos como "hermosos", negamos su potencial destructivo y el sufrimiento que pueden causarnos. En resumen, es esencial que entendamos que, aunque son monstruos, poseen cierta belleza.

Los monstruos hermosos poseen dos tipos de belleza, la primera procede de su naturaleza. Sin importar cuán monstruosa parezca una emoción, su naturaleza subyacente y profunda siempre será distinta. Es algo parecido al material en bruto de las imágenes de tercera dimensión a color que se proyectan en una pantalla y que solo son luz. El material en bruto subyacente de nuestros monstruos hermosos es apertura, claridad y energía. Por todo esto, los monstruos hermosos son bellos. El segundo tipo de belleza proviene del hecho de que, al principio, los monstruos parecen feos, pero cuando los sanamos, se vuelven hermosos.

Cuando sanamos algo, entendemos la dinámica presente en todos los seres que comparten nuestra herida, no solo en nosotros. Después de sanar algo, muchos grandes seres se han vuelto sabios y han ayudado a muchas otras personas. Imagina que tú tienes diez monstruos hermosos y alguien más tiene dos. Si ambos curan sus monstruos, ¿quién tendrá más capacidad? ¡Tú y tus diez monstruos hermosos! ¿Por qué? Porque después de sanarlos, tu comprensión y tu capacidad de ayudar serán muchísimo más considerables. Por desgracia, mucha gente no sana, solo se pasa la vida entera sufriendo con sus monstruos hermosos.

Los monstruos hermosos se producen de distintas maneras. A veces desarrollamos hábitos porque tenemos relaciones complicadas;

porque las circunstancias provocan tendencias; o porque el estrés constante y permanente nos hace reaccionar todo el tiempo. Si una habilidad que alguna vez fue útil, como la de protegernos en un ambiente inseguro, se solidifica o se vuelve habitual, puede transformarse en un monstruo hermoso. Es decir, podemos odiar una situación o a cierto tipo de persona a pesar de que ya no representa un peligro para nosotros.

Con frecuencia me preguntan si todos los sentimientos y emociones son monstruos hermosos, pero yo diría que no. El enojo común es parte de la verdad relativa auténtica y sana porque, en efecto, el enojo, el miedo y el apego pueden ser saludables. Estas emociones no son monstruos hermosos. Los monstruos hermosos se forman cuando en nuestra mente y nuestros sentimientos se produce una distorsión no saludable y empezamos a creer su versión de la verdad relativa. Si estos monstruos hermosos nos llegan a atrapar, se convierten en nuestra lente, en la manera en que vemos el mundo y a nosotros mismos, pero cuando los sanamos podemos tener emociones y experiencias normales y sanas. De hecho, los seres humanos sanos poseen una amplia gama de emociones.

Los monstruos hermosos son como el hielo, pero su naturaleza es líquida como el agua. Permíteme explicarte. No es necesario que destruyamos el hielo, solo debemos derretirlo y liberarlo para que se reincorpore a su estado natural fluido. Esta analogía funciona porque, como todos sabemos, el hielo es hermoso y atemorizante, puede ser afilado y dentado, es decir, muy destructivo. Y quizás esté en estado sólido, pero sigue siendo agua. Con los monstruos hermosos sucede lo mismo, son patrones "congelados" de reacción y resistencia. Buscamos agua, pero encontramos hielo, y como luego nos olvidamos de lo que es en realidad, tratamos de huir o de deshacernos de él, y de encontrar en otro lugar el agua: la paz, la fluidez. Por todo esto, la pregunta es ¿cómo derretir el hielo? Mostrándoles a nuestros monstruos hermosos la calidez y la amabilidad que implica no juzgarlos. Eso ayudará a que el hielo empiece a derretirse.

El método

Por favor, toma en cuenta lo siguiente: si tienes antecedentes de trauma, estas prácticas de no resistencia radical pueden resultar muy intensas. Te exhorto a que uses tu sentido común al evaluar cuánto puedes soportar a un punto razonable. Esta práctica se realiza por periodos breves, y para ella necesitas una especie de campamento base, un lugar seguro al que puedas volver después de haber experimentado los sentimientos de manera directa. La práctica del apretón de manos es para sanar, no para volver a traumatizarte. Si te parece útil, consulta a un profesional de salud mental para que te brinde la ayuda que necesitas.

El apretón de manos:
cómo trabajar con nuestros monstruos hermosos

¿Qué podemos hacer para enfrentar a nuestros monstruos hermosos de un modo amistoso en lugar de hacerlo con miedo? Con base en ciertas técnicas de meditación tradicionales y en mi comprensión de las heridas mentales y la sanación, desarrollé lo que llamo la *práctica del apretón de manos*. Te advierto que no es el método típico que conocemos, sino, más bien, una actitud y una forma de ser. El apretón de manos se realiza entre nuestra conciencia y nuestros sentimientos. Es una metáfora de la actitud que tomaremos, de la manera en que nos presentaremos a nuestros monstruos hermosos. La mente ha estado presionando o conteniendo sentimientos y emociones durante mucho tiempo, así que ahora solo vamos a extenderles la mano. No huiremos, no lucharemos, solo nos conoceremos, nos reuniremos. En esencia, la práctica del apretón de manos consiste en cobrar conciencia de cualquier cosa que haya en ti, en especial de tus sentimientos. Si tienen una historia que contar, solo escucharemos.

Me parece que esta práctica es muy relevante en la actualidad y que tiene un gran potencial para sanarnos a profundidad. Este tipo de sanación puede producirse de mejor manera cuando nuestra conciencia se pone en contacto con nuestros sentimientos. Para sanar necesitamos sentir las emociones de forma directa y cruda; así, las heridas y los patrones de resistencia podrán desplegarse desde el interior. De otro modo, podríamos intentar todo tipo de técnicas de sanación, pero nada nos ayudaría a abrirnos de verdad. Para que haya una transformación genuina, necesitamos establecer una amistad con nuestras emociones.

Comprender la teoría sobre la que se sustenta la técnica del apretón de manos nos ayuda, ya que nos permite ver por qué necesitamos trabajar en nuestras creencias y actitudes distorsionadas si acaso deseamos tener una transformación real. De lo contrario, tal vez percibamos un alivio temporal, pero seguiremos operando bajo las mismas conjeturas y creencias. Es decir, seguiremos pensando cosas como: *No valgo lo suficiente; Es vergonzoso enojarme; Si me per-*

mito sentir miedo, me dominará y me derrumbaré. Solo leer y contemplar estas ideas no nos ayudará a cambiar gran cosa, tenemos que enfrentar a nuestros monstruos hermosos, y eso significa *sentirlos*. La verdadera transformación sucede sobre todo en el nivel sensible. Cuando aprendamos a sentir nuestros monstruos hermosos sin resistirnos ni reaccionar, podremos establecer una verdadera amistad, lo cual representa un gesto muy amoroso y dulce para ellos. La bondad consiste en no juzgar.

Estrechar manos significa permitir que el sentimiento sea pleno. Como en todo, es muy fácil describir el método, pero, por distintas razones, es muy difícil llevarlo a cabo. En primer lugar, creemos que los monstruos solo son monstruos, y que hay que solucionarlos o deshacernos de ellos. Si en nuestra actitud se oculta ese objetivo, no podremos estrechar la mano con ellos porque el apretón de manos no es para solucionar, sino para conocernos y estar presentes.

INTENTA ESTO: Siéntate unos minutos, instálate en un espacio interior silencioso y contemplativo. Piensa en la relación entre tu mente y tu mundo emocional. ¿Cómo se siente? ¿Es amorosa y abierta? ¿Es tensa o crítica? ¿Tu mundo sensible parece estar adormecido o a flor de piel y en movimiento? Sin importar cómo te sientas, permanece con el sentimiento y relájate un instante.

Luego imagina lo que sucedería si te volvieras amigo o amiga de aquello a lo que le temes en tu interior, es decir, de tu actitud crítica, tus dudas, tu orgullo. Imagina cómo sería no temer a tus sentimientos y tus emociones.

Otra razón por la cual estar con nuestros sentimientos puede ser difícil es que a veces tenemos miedo de nuestras emociones y sentimientos en bruto. Esto es normal, pero, justo por eso debemos reunir valor y estrechar la mano con nuestros sentimientos. Tenemos que estar dispuestos a sentir el sufrimiento, a recibir algunos golpes. Piensa en un adulto amoroso que trata de estrechar la mano de un niño que está haciendo un berrinche. El niño grita, patalea y golpea en el aire; cada vez que nos acercamos con ternura para tomarlo de la mano, nos empuja. Sin embargo, entendemos que está molesto y que, en esencia, es hermoso y adorable, incluso en ese retorcido estado. Continuamos ofreciéndole nuestra mano y él sigue golpeándonos de vuelta, pero después de algún tiempo se calmará y aceptará la caricia abierta del amor. El proceso de estrechar la mano con nuestros monstruos hermosos puede ser muy similar: en el fondo, también quieren ser nuestros amigos y liberarse como nosotros.

INTENTA ESTO: Imagina a un niño molesto y agitado. Imagina que sientes un profundo amor y que estás dispuesto a ver por él incluso si te sigue vapuleando por un rato. Luego imagina que tienes esta misma actitud contigo mismo, con tus monstruos hermosos.

Obstáculos para estrechar la mano

Hay cuatro obstáculos principales para el apretón de manos: *la represión, la indiferencia, la indulgencia* y *el antídoto*. Son hábitos mentales fuertes y, quizá, son la principal manera en que nos relacionamos con nuestros sentimientos y emociones, pero es importante comprender que estrechar la mano no tiene nada que ver con esto.

La mayoría de la gente es muy hábil para *reprimir*. Si un sentimiento o emoción inconveniente se presenta en un momento inadecuado, lo empujamos de vuelta o lo escondemos debajo de la alfombra. Esto podría funcionar por un tiempo, pero reprimir drena nuestra energía y, de todas formas, el sentimiento o emoción encontrará la manera de resurgir. Podríamos, por ejemplo, tener un monstruo hermoso de duda sobre nosotros mismos o de la noción de que no somos dignos. Cuando estos sentimientos aparecen, los reprimimos y no los escuchamos, los juzgamos de inmediato y damos por sentado que son dolorosos e inaceptables, así que los empujamos de vuelta hasta que logramos guardarlos de nuevo en el inconsciente.

Ignorar es otra estrategia con la que estamos muy familiarizados. Solo huimos, es decir, nos distraemos. ¿Y adónde huimos? A veces aprovechamos las distracciones positivas como las actividades espirituales o la reflexión y, si no, solo nos ponemos a ver películas. El problema es que desentendernos de nuestros monstruos hermosos no les ayuda a sanar. Si los ignoramos podríamos llegar a pensar que desaparecieron, aunque no sea así. Ignorar el sentimiento de que no somos dignos y perdernos en un programa de televisión no nos permite procesar ni lidiar con los sentimientos, es solo una forma de ponerles una bandita de curación.

La *indulgencia* es otra de las maneras en que solemos reaccionar. Podríamos creer que estrechar la mano sin resistirnos ni tratar de reparar al monstruo hermoso es algo similar a mostrar indulgencia, pero, en realidad, son cosas distintas. Estrechar la mano implica conocer al monstruo hermoso y permanecer con él. Mostrar indulgencia, en cambio, es creer su historia, seguirlo y permitir que nos domine. La indulgencia en los sentimientos de duda en nosotros mismos nos hace hundirnos en un estado de inseguridad y dejar que las narrativas que ya conocemos sobre la baja autoestima dominen la mente.

Por último, tenemos el *antídoto*. Consiste en aplicar algún método, discurso o conjetura lógica para resolver un problema. A primera vista, suena bien: como tenemos una dificultad o un hábito dañino, tratamos de remediarlo como si fuera una bicicleta o un automóvil descompuesto. Usar un antídoto es como aplicarle un remedio curativo a un veneno, como colocar una emoción o pensamiento neutralizador sobre la sensación de que no valemos lo suficiente, solo para hacer que desaparezca. Estrechar la mano sirve para experimentar el sentimiento de manera directa, sin tratar de deshacernos de él. Otro ejemplo del uso del antídoto es cuando nos decimos que todo está bien, pero sabemos que, en realidad, las cosas van mal. Los antídotos pueden ser todo tipo de estrategias psicológicas o espirituales de evasión. El apretón de manos, en cambio, implica sentir que algo no funciona y entablar una amistad con este sentimiento, por lo tanto, no es un antídoto. Aquí no estamos tratando de solucionar nada, solo deseamos reunirnos y estar presentes, ser amigos de nuestros monstruos hermosos.

El antídoto es un *enemigo cercano* del apretón de manos porque puede ser muy fácil confundirlos. Un *enemigo lejano* es un adversario obvio al que podemos ver frente a nosotros; el enemigo cercano, en cambio, es astuto, se disfraza de amigo, está tan cerca que casi nunca lo vemos o, simplemente, no sabemos que está en nuestra contra. El antídoto es así. Digamos que ya intentamos muchas otras estrategias para enfrentar la falta de confianza y que nada funcionó, pero luego nos enteramos del apretón de manos. Tal vez pensemos: *Ah, esto suena bien, es una técnica sutil y amable. Voy a estrechar la mano de mis monstruos hermosos ¡y por fin se irán de aquí!* Si esta es nuestra actitud, significa que ya estamos tratando de aplicar el antídoto que saboteará con delicadeza el apretón de manos.

Una vez que nos hayamos encontrado con los sentimientos y los hayamos sentido, podremos permanecer ahí. Al principio no hables, solo permanece. En cuanto podamos estar con ellos se operará un cambio y los sentimientos y los monstruos hermosos empezarán a confiar en nosotros poco a poco. La confianza se desarrollará porque ya no los estaremos reprimiendo ni ignorando, y cuando nos ataquen solo los tocaremos sin golpear de vuelta. El apretón de manos se relaciona con el amor abierto. Cuando los monstruos hermosos nos cuenten sus historias, escucharemos; así se abrirán y, poco después, incluso formularán preguntas.

Entonces podremos tener una conversación por fin, podremos compartir la sabiduría y presentar buenos argumentos, podremos explicarles: *Es real, pero no es cierto.* Es decir, el sentimiento es real, pero el mensaje es falso. *Sí, es verdad que te sientes indigno, pero no lo eres.* La mente puede enviarles un mensaje a los sentimientos ahora porque logramos ganarnos su confianza, y los sentimientos pueden comunicar la verdad a los monstruos hermosos. Cuando el monstruo hermoso comience a entender, a sentir y a decirse: *No soy un monstruo*, la sanación será posible, pero hasta que no lo conmovamos con conciencia, con la dulzura que implica no juzgarlo, no le interesará lo que digamos. Llevamos toda la vida hablándole y no había servido de nada hasta ahora, ¿qué cambió? Que, en lugar de dar un sermón, empezamos por permanecer con el sentimiento en bruto del monstruo hermoso. Esa es la bondad que no habíamos manifestado.

Lo mejor que podría suceder sería que el centro emocional del monstruo hermoso mute, pero, de no ser así, primero se pueden transformar los sentimientos circundantes, y luego, con el tiempo, se transformará el sentimiento principal. En nuestro mundo sensible, el hecho de estar bien y el de no estar bien pueden coexistir, pero a veces también es posible que un rincón de tu corazón no se sienta bien mientras el resto sí. ¿Qué hacer entonces? Reconocer las partes que se encuentran cómodas y en paz, pero seguir cuidando a las que no.

Los monstruos hermosos tienen la habilidad de liberarse a sí mismos, poseen su propia sabiduría. En ese caso, ¿qué hacemos nosotros? No perturbarlos ni guiarlos a la dirección incorrecta, solo permitir que su naturaleza brille. Cuando no reprimimos, no ignoramos ni tratamos de repararlos, los respetamos. La liberación puede entonces llevarse a cabo. Es un instante un poco delicado porque, si sabemos demasiado sobre esta liberación que ellos mismos realizan, podríamos generar expectativas, y las expectativas sabotean la actitud abierta y acogedora. Podrían, por lo tanto, sabotear el apretón de manos. Debes saber que el deseo de cambiar a un monstruo hermoso es, en sí mismo, un monstruo hermoso.

Cuando logres pensar: *El apretón de manos solo será una acción que le permitirá al monstruo hermoso abrirse*, aférrate a este pensamiento y estrecha su mano también. Hazlo varias veces: las expectativas desaparecerán.

Los cuatro pasos del apretón de manos

El apretón de manos le permite a nuestra conciencia estar con cualquier cosa que suceda en el mundo sensible y permanecer sin juzgar, sin resistirse. Esta práctica puede dividirse en cuatro etapas: *reunirse, estar, esperar* y *comunicar*. Para prepararnos para esta práctica primero debemos realizar la caída o descenso que aprendimos en el Capítulo 2; sin embargo, no todo deberá caer: aquí hay involucrados asuntos profundos y complicados que exigen más atención, más permanencia, paciencia y amor. Para este momento deberíamos ser expertos en evitar, reprimir, mostrar indulgencia y aplicar antídotos, aunque todos son hábitos difíciles de dejar. Entre la conciencia y los sentimientos en bruto puede haber muchas capas de miedo, crítica, reacción y resistencia, pero la práctica del apretón de manos es una manera de atravesar todo esto. Estamos aprendiendo a caminar con dignidad a través de la puerta principal de nuestro mundo interior, en lugar de escabullirnos y andar arrastrándonos por ahí.

Cuando los montañistas se enfrentan a una cima tan alta como el Monte Everest, establecen una base de operaciones para escalar, es decir, un lugar al que podrán volver siempre que necesiten recuperar fuerza para el ascenso. Tu campamento base te ofrece un espacio tranquilo alejado de las emociones en bruto, un lugar seguro para retirarte cuando sientas demasiada intensidad. El campamento base puede ser un punto de atención consciente, donde las sensaciones corporales sean neutrales. Las palmas de las manos y los pies pueden ser buenos para esto; también se puede observar el aliento o realizar la apacible práctica respiratoria del Capítulo 3. Puedes recurrir a tu campamento como parte de la práctica del apretón de manos siempre que lo necesites.

Preparación: la caída o descenso

Empieza por adoptar una postura relajada como ya lo hiciste antes, distendido, pero con la columna vertebral recta. No importa si estás sentado o recostado. Pasa algunos minutos dejando caer la mente pensante y anclando la conciencia en el cuerpo. Si te resulta útil, usa el método del Capítulo 2, en el que levantas los brazos y, junto con una exhalación amplia, dejas que la fuerza de gravedad haga caer tus manos sobre los muslos de forma sonora. Aquí suceden tres cosas al mismo tiempo: la mente pensante desciende, las manos caen sobre los muslos y tú exhalas. Luego solo permanece ahí, en el cuerpo, sin ningún propósito.

No busques ningún estado o sensación particular, solo conéctate con lo que haya ahí, con la experiencia del cuerpo en el presente. No importa lo que sientas, calidez o frescura, tensión o sosiego, hormigueo o adormecimiento: todo está bien. Quédate ahí un rato y repite la operación varias veces hasta que te sientas hasta cierto punto anclado en tu cuerpo. Mientras tu conciencia permee tu cuerpo físico, quédate con las sensaciones corporales sin que te preocupe cuáles sean. Es probable que para ese momento sientas deseos de alcanzar objetivos, será como si desearas tener una experiencia específica y evitar algo. Deja pasar los propósitos con calma, esto permitirá que cobres conciencia de lo que intente surgir de manera natural.

Paso #1: Reunirse

Ahora permite que la conciencia inunde el mundo sensible con sutileza. Ábrela a los estados de ánimo, los sentimientos y las emociones. No te fijes ningún objetivo ni meta, reúnete con los sentimientos y emociones que estén ahí. No busques nada en particular, nada agradable ni sublime, solo permanece con lo que surja. Si te sientes terrible, permanece con eso. Si te sientes ansioso, quédate con ese sentimiento. Si te sientes molesto, tenso o fatigado, permanece ahí y relájate. Si te sientes maravilloso, sosegado y tranquilo, quédate ahí. Si no sientes nada, permanece con el adormecimiento o la paz.

Los sentimientos y las emociones van y vienen a su propio ritmo, no tenemos que buscarlos. Siempre están cambiando, los agradables se vuelven desagradables y luego regresan a ser lo que eran. En lugar de luchar con cada uno de estos sentimientos cambiantes, vamos a reunirnos con ellos y a permitir que pase lo que tenga que pasar sin ningún objetivo específico. Continúa conectándote con el mundo sensible, pero sin abandonar tu actitud abierta y acogedora. Siempre que surja el objetivo de deshacerse de, o aferrarse a algo, reconócelo con calma y permanece ahí. Sin importar cuál sea el obstáculo o la crítica, solo cobra conciencia y quédate ahí. Eres el anfitrión de un banquete, estás en la puerta y recibes a todos los sentimientos que se presenten. Si aparece algo más intenso o profundo, podría ser un monstruo hermoso. Recíbelo también.

Esta práctica de reunión sirve para que extiendas la mano y digas "Hola". Al principio solo dejamos que los pensamientos vengan y vayan, y tratamos de quedarnos con nuestros sentimientos y emociones. Luego, sin embargo, extendemos la práctica del apretón de manos para abarcar todo, incluso las narrativas y las voces interiores.

Paso #2: Estar

Deja de mirar en otra dirección. Deja de ocultarte. Voltea y enfréntalo. Tócalo. Siéntelo. Escúchalo. Al adoptar esta actitud permitirás que surjan los sentimientos en bruto. No tienes que hacer nada en especial, solo permanecer con ellos.

No reprimas, no evites, no muestres indulgencia y no apliques un antídoto: son cosas que hemos hecho durante demasiado tiempo y no han ayudado en absoluto. No hemos logrado tener una relación sana con nuestros sentimientos, así que probemos algo distinto. Solo estar. Pero recuerda que "estar" no es "quedarse fijo". Solemos pensar que significa estar *con* algo, pero también puedes simplemente estar, sin ningún objeto. Solo permanece ahí. Poco a poco aprenderemos a permanecer con quien vive la experiencia sin ningún objetivo en particular, a *estar* de manera natural mientras *somos*. Solo permanece, mientras los pensamientos y las emociones continúen surgiendo y moviéndose, la inmovilidad del estar permanecerá también.

Con el tiempo, la mano ya no necesita aferrarse a un objeto porque se transforma en lo que descansa, en la inmovilidad. Si esta experiencia se desarrolla de manera orgánica a partir del apretón de manos, considéralo como una señal positiva. Estrechar manos es una forma íntima de estar, es distinta al observador, que permanece distante y seguro. Cuando los monstruos hermosos lleguen, este tipo de observación distante no te ayudará mucho porque no toca al mundo sensible del mismo modo que lo hace el apretón de manos. Nada más permanece con cualquier material en bruto que surja. Relajado y sin juzgar.

Si un sentimiento salvaje y perdido se presenta en tu banquete diciendo: *¡Quiero destruir todo!*, solo extiende la mano. El monstruo hermoso no extenderá la suya, pero tú serás amable y permanecerás ahí. No hay problema, incluso si te da una bofetada o un golpe. Recíbelo y mantente dispuesto a sufrir. La agresividad con que se acerca es resultado de haberlo reprimido mucho tiempo atrás. Tú muestra una actitud valiente: *De acuerdo, estoy dispuesto a sufrir*. Y si de pronto notas que estás juzgando, da un paso atrás y dale la mano al juicio o crítica. Si notas que tienes objetivos ocultos, como que la emoción desaparezca, estrecha la mano de esos objetivos. Si notas una aversión a la emoción o cierta impaciencia, estrecha su mano también. Continúa estrechando la mano de cualquier cosa que aparezca.

Adopta una actitud radical: mantente presente con tus sentimientos y emociones, sin resistirte. Es casi como sucumbir, como confiar en la sabiduría innata de las emociones. Es un gran paso, se requiere de determinación y valentía. No es sencillo sentir algo que hemos estado evitando, puede ser muy intenso. Saltar a aguas desconocidas puede ser atemorizante, pero cuando llegue el momento adecuado, si sientes que te resistes, ofrécele tu mano al monstruo hermoso.

Casi podría parecer que muestras indulgencia, pero no es así. Si la emoción dice: *Puedo soportarlo*, no es necesario que lo creas, solo tienes que sentirlo. Si el sentimiento dice: *Quiero destruir esto*, vive la emoción, pero no obedezcas sus órdenes. Permite que la conciencia perciba el sentimiento de manera plena, sin resistirse, sin juzgar. Esta es la práctica del estar.

Paso #3: Esperar

Continúa practicando el hecho de "estar", dale algo de tiempo y no te apresures a involucrarte con lo que surja. No tienes que lograr nada, solo estás haciendo amigos y eso toma tiempo.

> En cuanto puedas estar, quédate y espera. Esperar también significa ser amable y compasivo. Practica la paciencia, pero recuerda que aquí la paciencia no significa tener un objetivo ulterior como: *Seré paciente contigo hasta que te vayas y me dejes en paz.* Un anhelo así podría desviar tu práctica. Aquí, paciencia significa: *Puedes quedarte todo el tiempo que desees. No me importa si te quedas o te vas. Ahora somos amigos.*

Esta etapa de espera te permite afinar el apretón de manos y asegurarte de que no te estás apresurando para provocar algo porque, en ese caso, estarías saboteando el apretón con la aplicación de un antídoto. O, quizá, te estás apresurando a darles un sermón a tus monstruos hermosos antes de que confíen en ti y estén listos para escucharte. Lo mejor será que esperes y te relajes.

Cuando solo apareces y vives los sentimientos, se produce un alivio muy peculiar porque estás siendo honesto contigo mismo. Reprimir y evitar puede hacer que pierdas tu ancla emocional, que sientas que no estás centrado en el mundo sensible. Aparecer y sentir sin juzgar es un regalo. Es como llorar cuando tu corazón desea liberar tristeza, como tomar una siesta cuando estás exhausto, como comer algo nutritivo cuando te sientes hambriento y sin energía. Es como pedir un abrazo cuando te sientes lastimado, y que alguien te estruje con calidez y fuerza para mostrarte su solidaridad total. Nosotros podemos brindarnos este mismo tipo de alivio y apoyo a nosotros mismos, pero tenemos que voltear y enfrentar el dolor, no alejarnos de él.

Paso #4: Comunicar

Habla con tus monstruos hermosos

Una vez que seas capaz de solo permanecer con tus monstruos hermosos, es probable que empieces a ganarte su cariño, que empiecen a abrirse. En realidad, quieren ser tus amigos, quieren ser libres. Podrían incluso hacer preguntas, y entonces, podrías comunicarte de verdad. En ese momento les diremos con amabilidad: *Es real, pero no es cierto. Tu sentimiento es real. También tu dolor. Sin embargo, la narrativa es falsa.* Y nos escucharán.

En cuanto elimines tu necesidad de arreglar algo o de hacer que se disuelva o desaparezca, notarás un cambio. Cuando ya no tratamos de reparar a los monstruos hermosos, de obligarlos a irse, sucede algo mágico e inesperado. Las emociones en bruto, el atascamiento y el adormecimiento ya no son tan aterradores como parecen.

Aquí es donde sucede la verdadera sanación. Ya desarrollaste una relación saludable entre tu mente y tus sentimientos, ahora es posible que se dé todo tipo de comunicación, en ambas vías. Puedes compartir tu sabiduría y entendimiento. Y como los monstruos hermosos también tienen sabiduría, podemos aprender de ellos al mismo tiempo.

La experiencia de estrechar la mano con la falta de confianza, por ejemplo, puede enseñarnos algo sobre el miedo inconsciente al éxito y a florecer, puede enseñarnos a sentir una gran compasión por otras personas que también tienen este monstruo hermoso.

Una vez que entablamos una amistad con nuestros monstruos hermosos, dejamos de tener miedo de nosotros mismos.

DANIEL GOLEMAN: LA CIENCIA

Cuando el doctor Aaron Beck fundó la terapia cognitiva, cambió el método terapéutico y se enfocó en las maneras distorsionadas en que la gente interpreta su vida. Tara Bennett-Goleman, mi esposa, es psicoterapeuta y tuvo una influencia importante en la integración de la atención consciente en la terapia cognitiva y, como Tsoknyi Rinpoche lo mencionó, luego compartió sus reflexiones con él. Más adelante, él incorporó este enfoque de la mente en su noción de los monstruos hermosos.

Tara había estado asistiendo a una serie de intensos retiros de reflexión y meditación durante un periodo en el que también participó en una capacitación de posgrado con Jeffrey Young, protegido del doctor Beck. Mientras que, en ese tiempo, la terapia cognitiva de Beck se enfocaba en ayudarle a la gente con depresión y problemas de ansiedad, Young desarrolló algo que llamó *terapia de esquemas*: un acercamiento a la terapia cognitiva más psicodinámico, el cual detectaba patrones emocionales comunes pero perturbadores, como la sensación de privación emocional o el miedo al abandono, los cuales ocasionaban un pensamiento distorsionado y reacciones exageradas.

Cuando Tara estudió con él, Young estaba desarrollando su modelo de los *esquemas*, es decir, de los patrones emocionales que aprendemos en una etapa temprana de la vida y que invaden nuestras relaciones más adelante y nos hacen sufrir del mismo modo una y otra vez. Young reunió conocimientos y reflexiones provenientes no solo de la terapia cognitiva, sino también de la terapia Gestalt y de la teoría del apego, y las añadió a su enfoque de la terapia de esquemas. Un esquema conlleva una serie de creencias respecto a uno mismo y al mundo, así como las emociones vinculadas a esta. Cuando este grupo de pensamientos y sentimientos se dispara, actuamos de una forma contraproducente que nos causa dificultades a nosotros mismos. El esquema del "abandono", por ejemplo, se dispara cada vez que una persona siente que alguien que le importa no la valora, y por eso la abandona, lo cual la deja sumergida en tristeza y pánico. Para protegerse del pánico, la persona puede aferrarse a esa pareja o terminar la relación de manera preventiva.

A lo largo de los años, Tsoknyi Rinpoche ha conversado con nosotros a menudo. Le intrigaba en particular la perspectiva clínica sobre las emociones.[1] Tuvo intensas pláticas con Tara, a quien Beck llamó "pionera" de la integración de la atención consciente en la terapia cognitiva en el libro *Alquimia emocional. Cómo la mente puede sanar el corazón*, que ella publicó. De hecho, Tara le enseñó atención consciente al doctor Beck y a su esposa, que es jueza, porque hasta ese momento, él no había oído hablar de este método.

El trabajo terapéutico de Tara se enfocaba en emociones angustiantes en general, y en patrones de esquemas en los casos relevantes. Su integración de las perspectivas psicológicas oriental y occidental consideraba que cada una era una vía para vernos, a nosotros y a los otros, de una manera más clara y compasiva, con una conciencia transformadora y reflexiva que permitiera tomar decisiones bien pensadas. Tara revisó para Rinpoche este nuevo enfoque de los hábitos emocionales, y sus conversaciones nutrieron la noción de los monstruos hermosos y del apretón de manos que luego él desarrolló. Tara recuerda algunos de estos encuentros de la siguiente forma:

En uno de nuestros diálogos sobre la psicología, el dharma y la ciencia, le conté a Tsoknyi Rinpoche de los patrones emocionales que había visto en mis clientes de terapia. Rinpoche deseaba aprender más al respecto, pero creo que, como había estado inmerso en las enseñanzas budistas tradicionales, le preocupaba que reconocer estos patrones hiciera que la gente los cosificara aún más. Le aseguré que, en realidad, esto podría tener el efecto opuesto porque reconocer los patrones propios o ajenos puede ayudarnos a no tomar las cosas de manera tan personal. Más que como una persona, uno ve las situaciones como un patrón, lo cual permite fomentar el entendimiento y la compasión, y aumentar la confianza en lugar del ego.

No podría decir que esta perspectiva represente la manera en que la psicoterapia occidental ve los patrones, pero como he estado en ambos mundos, el de la psicología occidental y el de la budista, esta es la forma en que yo los veo.

Le expliqué a Rinpoche que yo uso una escena de *El mago de Oz* como metáfora para ilustrar esta perspectiva. En esta escena, Dorothy y sus compañeros llegan al castillo de Oz y, al entrar a la sala, de pronto ven una enorme imagen móvil de un rostro en una pantalla y escuchan una voz estruendosa que dice: "¡YO SOY OZ!".

Todos se asustan y retroceden, pero entonces Toto, el perrito de Dorothy, corre a una cabina y jala la cortina. En el interior se ve a un hombre mayor encorvado sobre un panel de control, usando efectos especiales para crear la sobrecogedora voz a través de un altavoz. Entonces el individuo dice: "¡No le presten atención al hombre detrás de la cortina!".

Cuando los recién llegados lo confrontan, el hombre sale de la cabina y se convierte en quien en verdad es, y ya no es aterrador. Ofrece disculpas y empieza a ayudarlos, incluso ayuda a Dorothy a volver a su casa en Kansas.

Así se comportan estos patrones emocionales. Braman con fuerza y a veces transmiten mensajes aterradores que nos parecen reales. Sin embargo, una inspección honesta puede hacer las veces de un Toto interior que jala la cortina y nos permite verlos como en realidad son. Entonces los patrones se vuelven cada vez más transparentes y, con el tiempo, pierden su poder.

La terapia cognitiva tiene como objetivo cambiar los patrones emocionales distorsionados y remplazarlos con otros más adaptables. Tara añadió la atención consciente a este trabajo. En su práctica, clarificar las distorsiones a través de la atención consciente nos permite ver los patrones con más claridad, como en verdad son. Al centro de cada uno de estos hábitos hay un sentimiento perturbador, y el problema es que un mecanismo distorsionado para sobrellevar las situaciones nos puede privar de una vida plena y una relación reparadora.

En *Alquimia emocional*, Tara describió diez de estos patrones emocionales y, más adelante, continuó desarrollándolos en su libro *Mind Whispering: A New Map to Freedom from Self-Defeating Emotional Habits*. Se los explicó a Rinpoche, y él dijo que esto podría ayudarle a entender mejor a sus estudiantes occidentales. El talento de Rinpoche para memorizar, que tal vez es producto de su entrenamiento como maestro budista, le ayudó a comprender con gran facilidad el sistema de la alquimia emocional de Tara, al mismo tiempo que desarrollaba su propio sistema. En esta serie de diez patrones emocionales se encuentra el que Young llamó *vulnerabilidad al daño*. Este esquema se percibe como una ligera incomodidad, pero cuando se manifiesta de manera extrema se transforma en miedos intensos como el que produce la agorafobia, una ansiedad que hace que la gente tema salir de casa porque cree que corre el riesgo de que algo la lastime de forma severa o de morir. En resumen, la persona toma una situación muy poco probable y la maneja como si fuera una catástrofe. Es decir, toma un miedo común, lo hace crecer hasta un punto en que se vuelve incontrolable y, al mismo tiempo, ignora la baja probabilidad de que la amenaza se materialice e imagina con certeza las terribles cosas que podrían suceder. El resultado es pánico y parálisis, ese es el costo. ¿El beneficio emocional? No tener que enfrentar el terror más profundo que se oculta en el patrón de vulnerabilidad.

Tara cuenta la historia de una mujer cuyo padre estuvo a punto de morir de un ataque al corazón cuando ella tenía catorce años. El padre le dijo: "Tú eres la única razón por la que estoy tratando de vivir", y la mujer empezó a creer que la vida de su padre dependía de ella. Cuando fue adulta se dedicó al cuidado de la salud y desarrolló una preocupación crónica respecto a este tema. Era el ejemplo perfecto del patrón emocional de alguien que se aferra a un suceso menor, no demasiado preocupante, y lo convierte en una catástrofe absoluta en su mente. Si, por ejemplo, su novio mencionaba que tenía un poco de acidez estomacal, ella se preocupaba y de inmediato se convencía de que el hombre estaba teniendo un ataque cardiaco.

Las raíces comunes de esta preocupación crónica provienen del hecho de haber crecido con padres con la misma tendencia. En la adultez, la ansiedad se enfoca en cualquier aspecto, desde la inseguridad económica hasta la seguridad de la gente que amamos, pasando por los problemas de salud. Esta preocupación intensa es distinta a la preocupación adaptable o flexible, en la que la inquietud solo nos prepara para un riesgo real. Sin embargo, como lo señala Tara en *Alquimia emocional*, el problema surge cuando la ansiedad es exagerada.

Tara nos dice que algunos de los caminos hacia la sanación de este patrón incluyen practicar la atención consciente de los pensamientos y los sentimientos que provocan el pánico, investigar los miedos exagerados, y entrenar a la mente para que vea con más claridad estos sentimientos, así como la situación que los desencadenó. Monitorear de manera consciente tus pensamientos ansiosos te ayuda a impedirles que controlen lo que haces, ahí es donde comienza la libertad emocional. En el método del apretón de manos de Tsoknyi Rinpoche podemos ver un poco de la presencia directa, consciente y no reactiva que nos permite estar y permanecer con sentimientos así de profundos.

La ansiedad social es una de las variaciones del patrón de la vulnerabilidad al daño. Este tipo de ansiedad hace que las personas teman que otros las juzguen de una manera severa, o las hagan sentirse menospreciadas de otra forma. A la gente que tiene este problema psicológico, por ejemplo, no solo le aterra dar un discurso, también le da miedo conocer a gente nueva o, simplemente, que los otros la juzguen. Por eso estas personas hacen todo tipo de malabares para evitar situaciones que podrían desencadenar su ansiedad social.

En el laboratorio de neurociencias de Philippe Goldin, en la Universidad de California, Davis, se estudió a un grupo de voluntarios con ansiedad social.[2] Goldin tiene una perspectiva original sobre la mente y el cerebro porque, antes de estudiar psicología clínica y neurociencias en un posgrado en Stanford, pasó seis años en Nepal y en Dharamsala, India, estudiando filosofía y prácticas budistas tibetanas. Goldin realizó uno de los pocos estudios científicos que existen sobre el impacto que puede tener una actitud interior de aceptación en la manera en que reaccionamos a los hábitos emocionales que nos hacen sentir mal.

El neurocientífico reclutó a voluntarios que sufrían ansiedad social y les pidió que recordaran un incidente perturbador, una situación real en la que hubieran sentido una ansiedad aguda. Luego les pidió que escribieran con sus propias palabras qué había sucedido con exactitud, y cuáles habían sido los pensamientos negativos que habían tenido durante el suceso. Entre los pensamientos más comunes aparecieron los siguientes: "Otras personas se dieron cuenta de cuán ansioso soy", "La gente siempre me juzga" y "Mi timidez me avergüenza".

Todos estos pensamientos desencadenan una cascada de sentimientos negativos y también activan en el cerebro el circuito neuronal de alarma de la ansiedad. Los integrantes del equipo de Goldin usaron los pensamientos negativos como disparadores durante un escaneo cerebral y vieron que el circuito se encendía en cuanto entraba en acción.

Luego, el neurocientífico fue un poco más lejos. Entrenó a un grupo de voluntarios con ansiedad social para que solo observaran sus pensamientos y sentimientos, para que solo los notaran sin reaccionar. Sus instrucciones fueron: "Solo confíen y permitan que la experiencia suceda en el momento. Obsérvenla como un río que fluye, no reaccionen de ninguna manera a los pensamientos ni a los sentimientos".

Los investigadores usaron el término *aceptación* para denominar a esta actitud no reactiva hacia las emociones perturbadoras. El psicoterapeuta Chris Gerner considera que la aceptación es un elemento de gran importancia para ser compasivos con nosotros mismos.[3] También piensa que el proceso tiene varias etapas que parecen ser paralelas a las de la práctica del apretón de manos de Rinpoche. Todo empieza con la resistencia, es decir, la tendencia común a evitar los sentimientos incómodos. En la siguiente etapa giramos y miramos nuestra incomodidad con interés. Cuando logramos permanecer con estos sentimientos, nos empezamos a sentir bien a pesar de la incomodidad y dejamos que vengan y vayan sin sentir la necesidad de reaccionar. Por último, hacemos lo que Rinpoche llama "apretón de manos": el momento en que entablamos una amistad con los sentimientos que antes nos hacían sentir mal.

Los investigadores del cerebro, entre ellos Goldin, consideran que los pensamientos y sentimientos detonantes activan un circuito amplio de alarma que incluye a la amígdala. Sin embargo, las investigaciones realizadas por Hedy Kober en Yale muestran que la actitud interna de aceptación de nuestros sentimientos disminuye la reacción de la amígdala, lo que nos facilita solo sintonizarnos con las emociones perturbadoras sin que estas impulsen nuestros pensamientos o actos.[4] Kober descubrió que la aceptación también permitía que el dolor físico fuera más llevadero. Su artículo sobre estos hallazgos se intitula "Let It Be", "Déjalo ser". Me parece que es un buen consejo.

La investigación de Philippe Goldin arrojó resultados similares.[5] Goldin descubrió que, en el caso de la gente con ansiedad social que solo prestaba atención a sus sentimientos con una actitud de aceptación y sin reaccionar, la ansiedad disminuía. Quizá resulte sorprendente, pero, al igual que la reacción de la amígdala, su ansiedad disminuyó en la misma medida que la de un grupo de comparación conformado por personas que manejaron su ansiedad social con terapia cognitiva: uno de los tratamientos no farmacéuticos más utilizados.

La terapia cognitiva puede incluir varias tácticas, entre ellas, la de instar a la persona a enfrentar sus pensamientos atemorizantes. Esto produce un incremento en la actividad de algunas áreas del cerebro como la parte de la corteza cerebral a cargo de la función verbal, y otros circuitos involucrados en esta actividad mental. Pero, aunque la actitud de aceptación no activó nada en este circuito, ambas intervenciones produjeron una reducción similar de la ansiedad de la persona.

Según explicó Goldin: "La aceptación afloja las sogas que se aferran a los pensamientos mal intencionados". Así que, "deja abierta la puerta del frente y también la del patio trasero. Permite que los pensamientos vengan y vayan, pero no les ofrezcas una taza de té".

CINCO

AMOR ESENCIAL

TSOKNYI RINPOCHE: LA EXPLICACIÓN

Hace varios años estaba viajando y enseñando mucho, pero me había desconectado un poco. Por fuera me encontraba bien y podía realizar mis deberes, pero por dentro sentía una especie de vacío. Un día, estaba en una habitación de hotel en Nueva Delhi durante una larga serie de viajes. Estaba sentado en la cama, cambiando con flojera los canales de televisión con el control remoto.

De pronto, algo en la pantalla captó mi atención. Era la imagen de un hombre apuesto y una mujer hermosa; ambos usaban prendas elegantes y ligeras, caminaban juntos por un sendero rural y exudaban gracia y confianza en sí mismos. Su ropa y el largo cabello de ella ondeaban con la suave brisa. El hombre llevaba la camisa por fuera del pantalón y desabotonada en parte, lo suficiente para ver cuatro de sus bien esculpidos músculos abdominales. Y aunque los dos que no se alcanzaban a ver los cubría el pantalón, uno sabía que estaban ahí. Entonces me toqué el abdomen y sentí el único ¿músculo? en él.

La pareja se veía muy feliz y confiada, de una manera muy natural. Yo no sentía lo mismo respecto a mí. De pronto deseé lo que tenían. Uno de ellos llevaba debajo del brazo una elegante *laptop* plateada: era un anuncio de computadoras Sony Vaio.

Entonces negué con la cabeza y pensé: *Esto es ridículo, es solo un anuncio y estas personas son actores*. Sabía cuántas tomas podía llegar a necesitar un equipo de filmación antes de conseguir la escena perfecta. Sabía que eran modelos y actores profesionales entrenados para transmitir un estado de ánimo y una emoción específica, y que el anuncio estaba diseñado para influir en el espectador y persuadirlo de sentirse de cierta forma. Cambié de canal y me olvidé del asunto.

Luego, unas semanas después en Singapur, vi de nuevo el anuncio y volvió a atraparme por un instante. El viento empujaba con suavidad el cabello de ella y lo hacía acariciar el rostro de su compañero, pero a él no le importaba porque estaba muy feliz, porque era un tipo muy *cool*. Una vez más, negué con la cabeza y me olvidé del asunto.

Unas semanas más adelante, estuve en París, seguía viajando y enseñando. De pronto vi a los dos modelos en un enorme anuncio espectacular, sosteniendo la *laptop* y luciendo muy chic. Miré en otra dirección.

Después de ver el anuncio espectacular en París, viajé a Nueva York y compré una computadora Sony Vaio.

Pasé dos semanas muy emocionado por mi nueva posesión. Me puso de buen humor y casi me hizo olvidar el vacío que sentía en mi interior. Me divertí jugando con ella y admirando la elegancia de su diseño. Me sentí muy moderno y *cool* cuando fui a una cafetería de moda con mi *laptop*.

No obstante, algunas semanas después el efecto empezó a desvanecerse y noté mis grasosas huellas digitales en toda la pantalla. Eso no lo mencionaban en el anuncio.

Entonces volví a Europa para trabajar un poco más y descubrí que no podía enchufar el cable en las tomas de corriente. Tuve que comprar varios adaptadores. Tampoco mencionaban eso en el anuncio.

Varias semanas después viajé a la alta meseta del Tíbet y la computadora dejó de funcionar. Al parecer, los caminos llenos de baches, el polvo y la altitud fueron demasiado para el aparato. Esto tampoco lo mencionaban en el anuncio.

Bienestar independiente de las circunstancias

La práctica del apretón de manos nos permite encontrarnos con nuestro mundo sensible de una manera cruda y directa, y sin ningún objetivo final. A través de ella podemos atisbar de vez en cuando un bienestar que no depende de las circunstancias. Cuando entablamos una amistad con nuestros monstruos hermosos, con las emociones, los sentimientos, los estados de ánimo, las reacciones y la reticencia, empezamos a sanarnos a nosotros mismos de una forma profunda y orgánica. El resultado de este proceso es un incremento en la disponibilidad de un estado de bienestar básico subyacente al mundo sensible. A este estado me gusta llamarle *amor esencial*.

No es ruidoso ni llamativo, no llega anunciándose con trompetas y fuegos artificiales. Es silencioso y sutil. Nos sentimos bien solo porque sí. Es como una tenue calidez interna que permanece debajo de los sentimientos, las emociones y los estados de ánimo cambiantes. Le llamamos "el verdadero hogar del mundo sensible". Desde una perspectiva budista tibetana, esta es la cualidad de las *bindu*, las semillas de energía. Forma parte del cuerpo sutil, que es distinto al cuerpo físico. Es algo con lo que nacemos. Los niños saludables lo sienten como una alegría interior, una chispa de vida, un estado lúdico, una disposición a brindar y recibir amor.

A medida que crecemos en el mundo moderno y empezamos a participar en un sistema educativo estresante y competitivo, a socializar y trabajar, a nuestro amor esencial intrínseco lo cubre una serie de capas de estrés, autocrítica, esperanza y miedo. A pesar de que esto puede oscurecer la chispa interna casi por completo, como cuando se presenta la depresión, el cansancio excesivo o *burnout*, y los desórdenes de ansiedad, nada puede destruirla ni hacerla desaparecer en verdad. Es solo que a veces no podemos encontrarla, conectarnos con ella y vivirla.

La práctica del apretón de manos nos permite volver a conectarnos con el amor esencial que vive en nuestro interior. Entre más nos conectamos con él y lo nutrimos, más podemos sentir sus cualidades, es decir, la sensación esencial de bienestar. También sus señales: bienestar incondicional; disposición a amar; una chispa de alegría, claridad, valentía y humor.

El amor esencial no es dramático ni ruidoso, sino sutil. Es como un murmullo al fondo de nuestro mundo sensible que dice: *Estoy bien. No sé por qué, pero estoy bien*. Es fácil no notarlo porque estamos acostumbrados a buscar expresiones más sonoras y coloridas, como el dolor y el placer. El amor esencial es mucho más discreto que la emoción que provocan las experiencias, posesiones o relaciones nuevas.

La esencia y la expresión del amor

Existe una diferencia importante entre lo que yo llamo *amor esencial* y *amor de expresión*. El *amor de expresión* se dirige hacia fuera, incluye al amor parental, el romántico, el de la amistad, el devocional y el de la amabilidad, entre otros. Todos son maravillosos y valiosos para una vida sana, pero aquí quiero referirme a algo más fundamental, a algo anterior, la materia bruta de donde surgen nuestras expresiones de amor: el amor esencial.

Aquí es donde nace el amor, es la disposición a brindar y recibirlo. Cuando el amor de expresión irradia del amor esencial, puede ser saludable. Creo que conectarse con el amor esencial y nutrirlo es una manera importante de aumentar nuestra felicidad, pero también de mejorar la calidad de nuestras relaciones.

Necesitamos distinguir entre el amor esencial y el amor propio. En mi opinión, el amor propio suena a una forma de expresión del amor dirigida hacia nosotros mismos. Es decir, es como una persona que sostiene una linterna, la voltea y se apunta a sí misma. Esto podría parecer muy saludable porque, quizá, funcionaría como un bálsamo reconfortante, como un antídoto para la autocrítica, la recriminación y el odio a uno mismo. Claro, sentirnos bien respecto a nosotros mismos es mucho mejor que juzgarnos con severidad.

Los mundos espiritual y seglar parecen estar repletos de enseñanzas sobre la importancia del amor propio y la autoestima, pero sospecho que a la noción de amarse a uno mismo se le han atribuido varios significados, y algunos de ellos podrían superponerse con lo que estoy tratando de describir aquí.

La cualidad del amor esencial, sin embargo, es un poco distinta. No tiene dirección, es como un campo natural de bienestar incondicional dentro del mundo sensible. No se enfoca en nadie, ni siquiera en nosotros mismos. El amor esencial no es producto de que la mente se ponga a generar un pensamiento o sentimiento positivo sobre uno mismo o sobre la imagen que tenemos de nuestro cuerpo. Es algo que no estamos generando ni dirigiendo a ningún lugar. El amor esencial está en nuestro interior desde que nacemos, podemos notarlo y nutrirlo, y luego, él puede derramarse desde adentro. Conectarse con el amor esencial no es precisamente un antídoto para la autocrítica, más bien, ayuda a sanar nuestra sensación de vacío.

Lo opuesto del amor esencial es el vacío

Volvamos al anuncio de Sony Vaio. Todos esos viajes me llevaron a sentarme en una cama de hotel y cambiar de canal de televisión hasta que llegué a aquel seductor anuncio. En mi interior, el amor esencial intrínseco estaba bloqueado por alguna razón, y el problema es que, cuando no podemos conectarnos con él, sentimos un vacío.

Cuando nos conectamos con él, en cambio, el vacío se disuelve y se transforma en bienestar, en una calidez sutil. Luego, el amor expresado puede ser mucho menos condicional porque venimos de un lugar más saludable de bienestar en nuestro interior.

Si no podemos conectarnos con el amor esencial, en lugar de bienestar sentimos que algo en lo profundo no está bien. Sentimos hambre y un desequilibrio emocional, queremos llenar el vacío subyacente a nuestro mundo sensible. De manera consciente, o no, este deseo puede impulsar a buena parte de nuestro comportamiento, es como una lista secreta de objetivos o un plan que opera en nuestra vida. Tratamos de llenar el vacío consumiendo objetos, poseyéndolos y teniendo experiencias gratificantes de forma consecutiva, como me sucedió a mí con la *laptop* Sony Vaio.

El vacío interior y la cultura moderna de consumo son una combinación peligrosa. Los anunciantes son astutos y se dirigen a ese vacío, le hacen promesas falsas, desencadenan un ciclo continuo de esperanza y miedo. *¿Te sientes vacío? Si compras esto, serás feliz. Si no tienes aquello, seguirás sintiéndote mal.* Si estamos desconectados del amor esencial, internalizamos estos mensajes de manera inconsciente, y el deseo de consumir puede transformarse en un acto compulsivo. En casos extremos, podemos quedar atrapados en espirales descendentes y volvernos adictos a sustancias y comportamientos autodestructivos.

Nuestras relaciones también pueden estar contaminadas por un plan secreto para llenar el vacío. Si en lugar de amor esencial tenemos un vacío, el amor de expresión puede verse motivado, en parte, por una sensación de carencia, por un deseo de llenar el hueco. En ese caso, la manera en que expresamos el amor se vuelve muy condicional. Tal vez no sea algo explícito, quizá ni siquiera estemos conscientes de ello, pero el comportamiento puede transmitir una condición: *Te ofreceré mi amor si haces X, Y y Z por mí, y si ya no tengo que sentir esta vacuidad.* Este plan secreto puede poner en riesgo o incluso sabotear nuestra capacidad de tener relaciones sanas y de ofrecer amor incondicional.

En particular para los niños es muy importante sentir un entorno de amor incondicional. Aunque tal vez haya ciertas restricciones en la superficie, como los regaños cuando se portan mal o tienen bajas calificaciones; o los premios si tienen buen desempeño, su sano desarrollo dependerá de que tengan una sensación sólida y estable de amor incondicional subyacente a su desempeño o a cualquier otro comportamiento. De otra manera, pueden confundir su valor propio con el desempeño que tienen en clase, en las actividades artísticas y los deportes, entre otras cosas. Confundir el valor propio con el desempeño es una de las principales razones por las que el amor esencial termina enterrado.

Amor esencial: condiciones favorables y desfavorables

Anteriormente hablamos sobre el hecho de que la celeridad de la vida moderna puede representar un desafío cuando tratamos de mantener nuestra energía anclada, sana y en equilibrio. De manera similar, el mundo actual está repleto de factores que nos impiden conectarnos con nuestro bienestar natural y que le imponen al amor esencial desafíos para crecer, tanto cuando somos niños, como en la vida adulta. Estas condiciones desfavorables son dañinas porque pueden bloquear u oscurecer el amor esencial. Incluso pueden volverlo invisible, lo cual nos impide sentir y vivirlo.

Durante los muchos viajes que he realizado por el mundo, he notado que, a medida que se extienden la educación moderna y la cultura laboral, cada vez es más difícil ver al amor esencial. Tal vez se debe a lo ocupados que estamos. Desde muy pequeños solemos perdernos en nuestra agenda y horarios, en la escuela y en las otras actividades: ve a hacer esto, ahora haz la tarea, ahora haz aquello. Este ajetreo produce un involucramiento casi continuo con la esperanza y el miedo, dos sentimientos que bloquean al amor esencial. Desde una perspectiva más profunda, todo amor condicional tiene elementos de esperanza y miedo sin importar sus rasgos específicos.

Por otra parte, hay muchos momentos y situaciones que pueden desencadenar el amor esencial. Hacer el amor, sentir afecto, profesar una devoción o un amor profundo: todas estas forman parte de las incontables condiciones que nos ponen en contacto con el amor esencial. También la música hermosa, estar en la naturaleza, inhalar y exhalar lenta y suavemente, nutrir el cuerpo con alimentos sanos y deliciosos, y nutrir con suave yoga y ejercicios benéficos nuestras *bindu* o semillas de energía en el "cuerpo sutil".

Los recuerdos del amor incondicional en tu vida también son un fuerte detonador, ya sea que provengan de una relación importante o de un momento casual. Tal vez alguien amoroso te dio agua cuando tenías sed, por ejemplo. Los recuerdos de amabilidad y del amor que te brindaron sin condiciones pueden desencadenar el amor esencial. Otro disparador común son los recuerdos de la belleza natural, como cuando hemos visto flores y recordamos lo que sentimos en ese momento. No eran *tus* flores, no te pertenecían, pero de todas formas te ayudaron. O, quizá, subiste a la cima de una colina y presenciaste un hermoso atardecer. El atardecer no es amor esencial, solo un instante propicio para que el bienestar innato surja con libertad.

Todo esto tiene sabor a libertad. El desafío consiste en que, una vez que hayamos vivido estas experiencias, aprendamos a no depender de ellas, sin importar si se trata de un atardecer o de las flores en el jardín de alguien más. Gracias a la práctica podemos experimentar el amor esencial en cualquier momento porque, tarde o temprano, lograremos creer lo que nos digamos: *Esto se encuentra en mi interior, esta es mi naturaleza.*

Por supuesto, las experiencias que nos conectan con el amor esencial son un beneficio adicional. Me gusta decir que son un *bonus*, así que, ¿por qué no permitirnos un *bonus*? Cabe mencionar que estas experiencias no son confiables porque todo lo que vivimos es temporal. Con esto quiero decir que alguna causa o condición podría modificar las circunstancias. Podrías, por ejemplo, tener una experiencia sexual maravillosa, pero como todo es temporal y como podrían intervenir otros factores, quizá la próxima vez el sexo no sea fantástico. Lo mismo podría suceder con la comida, la música y todo lo demás.

La próxima vez que vayas a un concierto, podrías tener una gran discusión con tu pareja y, en ese caso, la música no te provocará el mismo placer que antes. Factores como este pueden alterar y modificar la experiencia en cualquier momento, por eso debemos aprender a aceptar, a cambiar y a dejar ir. Tenemos que encontrar el amor esencial sin depender de tantos factores porque su naturaleza es incondicional.

Entre más dependamos de circunstancias externas para conectarnos con este amor, más débiles seremos. Nuestro cerebro pierde interés en lo repetitivo y se desconecta de lo que alguna vez fue un detonador del amor esencial, así que nos volvemos flojos. Incluso escuchar algo cierto y útil podría aburrirnos y hacernos sentir hastiados y distantes. *Ah, sí, ya me habían dicho eso...* Y un día, de pronto, descubrimos que perdimos nuestra fuente y que los detonadores perdieron su potencia. Digamos, por ejemplo, que quince circunstancias importantes pueden desencadenar el amor esencial en nosotros. No es una lista infinita. Comida, sexo, esquiar, ir a las montañas, etcétera. Cosas que no dejamos de experimentar y, un día, dejan de funcionar. Nos acostumbramos a ellas, nos habituamos y ya no nos emocionan.

Entonces podemos perder la esperanza y pensar: *Nada me hace feliz.* A este fenómeno le llamo *sufrimiento de alto nivel.* Por ejemplo, compramos algo nuevo y nos sentimos emocionados dos semanas, como me sucedió con la *laptop* Sony Vaio. Luego nos sentimos forzados a desencadenar la experiencia de nuevo porque tenemos la esperanza de volver a encontrar el amor esencial. Si durante un mes comemos todos los días nuestro platillo preferido, en lugar de desencadenar el amor esencial sentiremos náuseas y ganas de vomitar. El desarrollo interior, en cambio, no termina de esta manera: no disminuye, solo sigue aumentando.

Piensa, por ejemplo, en lo que me sucedió hace poco. Visité Pokhara, una famosa zona al lado de las montañas en Nepal, y fue maravilloso. Nos quedamos en un albergue rústico, fue como acampar. No había sanitarios ni duchas, difícilmente había corriente eléctrica. Sufrí un poco, pero lo disfruté muchísimo. Luego volví a casa y me reencontré con toda la comodidad y la conveniencia a la que estaba acostumbrado. El baño estaba a dos pasos, tenía agua caliente y entubada, y mi cama era como un nido. Por un día disfruté de toda la comodidad, pero luego me olvidé de ella y todo volvió a la normalidad y pensé: *Claro, así es como debe de ser*. En lugar de apreciar lo que tenía, lo di por hecho.

Cuando vemos el detonador, es decir, la condición, y lo confundimos con el amor esencial, que es algo intrínseco, surge un problema. Las condiciones pueden inspirar el amor esencial, pero no cualquier método o acción puede *crearlo*. De hecho, aunque estas actividades pueden activar al amor esencial, un día ya no dependeremos de ninguna de ellas. Gracias a nuestra mente y a nuestra práctica nos volveremos a conectar con él sin requerir de condición alguna.

Esta independencia de los factores externos marca el inicio de la libertad interior. Cuando eso suceda, podremos conectarnos con el amor esencial incluso estando solos en una habitación oscura. Incluso en el momento de nuestra muerte podremos conectarnos con él.

La práctica

El amor esencial no es intenso como una dicha embriagante, es más bien como una sutil calidez o humedad en una habitación, algo que podríamos no notar porque lo que nos impresiona al entrar son los coloridos objetos o la gente. Es fundamental saber que el amor esencial siempre está presente en nuestro interior, y que una vez que logremos conectarnos con él y nutrirlo, lo notaremos, aunque se encuentre debajo de cualquier sentimiento, emoción o estado de ánimo. A continuación, hablaré de algunas prácticas que pueden ayudarte a activarlo.

Notar

Adopta una postura relajada, puedes sentarte en una silla o en el suelo. Por unos instantes deja caer tus pensamientos y permite que tu conciencia se asiente en tu cuerpo. Ahora abre poco a poco los ojos y mira la habitación. Deja que tu atención note los objetos de la manera que lo harías normalmente. Aleja tu atención de ellos y solo nota el espacio por un rato. Luego vuelve a prestar atención a los objetos. Deja de enfocarte en ellos y nota el espacio en el que se encuentra todo. Permite que la conciencia venga y vaya, y nota cómo se sienten estos dos modos distintos.

Reflexión sobre los deseos intensos

En la tradición budista de donde provengo, usamos el término "fantasmas hambrientos" para describir a los espíritus con gargantas diminutas y vientres enormes que deambulan por ahí atormentados por el hambre y la sed. Nunca se sienten satisfechos porque nada de lo que consumen logra saciar sus deseos.

Los fantasmas hambrientos son una metáfora de varios tipos de anhelos insaciables que nos hacen perder de vista las consecuencias de nuestros actos y nos encierran en un ciclo en el que tratamos de satisfacer deseos que siempre vuelven. Piensa, por ejemplo, en lo que pasa cuando tratamos de mitigar nuestra sed bebiendo agua salada.

Pensar en esas experiencias, ya sean literales o metafóricas, puede ser una fuente de gran compasión. También reflexionar sobre la manera en que la "mentalidad de los fantasmas hambrientos" opera en nuestra vida puede resultarnos útil y ayudarnos a abrir los ojos.

Adopta una postura relajada, puedes sentarte en una silla o en el suelo. Por unos instantes deja caer tus pensamientos y permite que tu conciencia se asiente en tu cuerpo. Contempla la existencia de los "fantasmas hambrientos", esos seres impulsados por anhelos intensos que nunca logran saciarse. Pregúntate si esta mentalidad aparece en tu mente y en tu vida, y considera de qué manera lo hace. Piensa que nada del exterior que puedas consumir te satisfará por completo ni te proveerá un bienestar duradero. Reflexiona y date cuenta de que ya posees un bienestar esencial intrínseco, ya está en tu interior y es una fuente de bienestar infinito. Aspira a reconectarte y a nutrir tu derecho innato al amor esencial.

El método del detonador

Los detonadores o disparadores hacen uso de condiciones y actividades propicias para activar el amor esencial. Todos tenemos una gran variedad de detonadores posibles, de inspiraciones y asociaciones, y, por esta razón, los detonadores tienen efectos distintos en cada persona. Trata de sustituir un detonador sano que te funcione, como el recuerdo de haber sido amado de forma incondicional, o de un atardecer que presenciaste.

El objetivo principal es permitir que el detonador o inspiración active el amor esencial, para luego observar al amor mismo sin prestarle atención al detonador.

Desencadenamiento del amor esencial a través de la música

Prepara la práctica reproduciendo uno o varios temas musicales que te parezcan hermosos y que en verdad te conmuevan. Elige música que dure dos tercios de lo que dura tu sesión de práctica.

Adopta una postura relajada y cómoda, empieza por dejar caer tu conciencia en el cuerpo durante algunos minutos. Luego reproduce la música que preparaste. Permite que te inunde, que te atraviese. Aprecia su belleza unos instantes, deja que te inspire. Nota las sensaciones y los sentimientos en tu cuerpo mientras escuchas. Ahora trata de conectarte con una cualidad subyacente más sutil en el mundo sensible, con la comodidad básica o el bienestar esencial. Cuando la música termine, retira tu atención de ella y deja de prestar atención a las sensaciones y sentimientos en el cuerpo. Trata de solo permanecer con el amor esencial, con el bienestar. No tienes que esforzarte en hacer algo, solo quédate ahí, inmerso en la experiencia.

Desencadenamiento del amor esencial a través de la respiración prolongada y sutil

Empieza de la misma manera que antes, adoptando una postura cómoda y relajada, y dejando caer la conciencia al cuerpo por algunos minutos. Ahora da inicio a una respiración deliberada y prolongada, inhala y exhala entre cinco y diez minutos. Instálate en un ritmo relajado. Permite que la sutil respiración te relaje, te nutra, te inspire. Nota las delicadas sensaciones en tu cuerpo mientras inhalas y exhalas de forma prolongada. Tal vez sientas un hormigueo, calidez, paz, alegría o una dicha sutil. Ahora retira la atención de la respiración y de las sensaciones y trata de notar el suave bienestar o la comodidad subyacentes. Cuando sientas que ha llegado el momento adecuado, permite que tu respiración se normalice y permanece ahí con el amor esencial, deja que inunde tu ser. No necesitas hacer nada en particular, solo vuelve a familiarizarte con este bienestar interior.

Desencadenamiento del amor esencial a través de movimientos suaves

Puedes usar cualquier tipo de movimiento suave que desees, como los del qigong, la yoga, el tai chi, los estiramientos, la caminata, etcétera. Empieza por dejar que la conciencia descienda al cuerpo y permanece ahí unos minutos. Ahora muévete con suavidad de la manera que hayas elegido. Disfruta de la posibilidad de mover tu cuerpo, estirarlo o caminar de forma fluida. Cobra conciencia de tu posición en el espacio y mantente tan encarnado como puedas mientras te muevas. Deja que el movimiento te inspire. Ahora presta más atención a las sensaciones que recorren tu cuerpo. Por último, retira tu atención del movimiento y de las sensaciones, y trata de notar la comodidad, el bienestar básico del amor esencial subyacente. Permanece ahí. Puedes continuar moviéndote o descansar, pero no dejes de notar tu amor esencial intrínseco, permanece a su lado. Vuelve a familiarizarte con él y permite que te nutra.

El método natural

Adopta una postura relajada y cómoda, empieza por dejar caer tu conciencia en el cuerpo y quédate ahí unos minutos. Recuerda una experiencia que hayas tenido durante la práctica del apretón de manos, cuando te abriste desde el interior y atisbaste el amor esencial que tal vez poseías. Ahora trata de volver a experimentar el bienestar natural. Si lo encuentras, solo quédate ahí. Puedes usar un poco de atención consciente para volver a conectarte, presta atención al bienestar. Tal vez tengas que buscar un poco para verlo: *¿Dónde estás? ¿Dónde está el bienestar?*, pregunta. Pero recuerda que no estás buscando uno condicional. Si en tu mundo sensible encuentras un bienestar, si encuentras una zona de comodidad, mantenla. Permanece ahí con la ayuda de la sutil atención consciente.

Si no encuentras ese delicado rincón de la comodidad o el bienestar, regresa al apretón de manos. En ese momento de tu experiencia, sin importar lo que haya ahí —miedo, tristeza o adormecimiento—, reúnete y permanece en ese lugar. Cuando se abra, el amor esencial estará ahí de nuevo. Sigue haciendo esto, y algún día el amor estará más disponible. En cuanto lo busques, dirá: *Estoy aquí.* En ese instante no necesitarás estrechar su mano, solo puedes permanecer con él y nutrirlo.

Si no estás seguro, o si en lugar de amor esencial encuentras el vacío, puedes seguir buscando. Puedes llamarlo en silencio, en tu mente: *Hola, amor esencial, ¿dónde estás?* Tal vez salga porque ya lo experimentaste cuando estrechaste su mano. Solo tienes que mirar alrededor y buscar. A veces deberás gritarte a ti mismo: *¡¿Dónde estás?!* Si el amor está disponible, maravilloso; si no, vuelve al apretón de manos. Por eso esta práctica es tan importante a lo largo del proceso. Todo bloqueo o impedimento que surja en el camino tendrá que ceder, y la manera de abrirse paso es estrechando manos.

El amor esencial no es en verdad una práctica, más bien, se trata de una comodidad o bienestar elemental con el que nacemos. Algunas personas tienen un amor esencial que está disponible porque los monstruos hermosos no lo han bloqueado, así que solo tienen que prestarle atención y notarlo. Otras no pueden encontrarlo, no porque haya desaparecido, sino porque algo lo oscureció. Estos métodos, sin embargo, nos ayudan a reconectarnos con el amor esencial.

Siempre que te conectes con el amor esencial puedes nutrirlo, basta con que permanezcas ahí, con que te sumerjas en él. Quédate, báñate en él, permite que te anegue, que brote en tu interior. Nota sus sutiles cualidades: una comodidad que no necesita razón de ser; disposición a dar y recibir amor; una chispa de alegría y humor; claridad natural; valor.

Tal vez sientas deseos de expresar el amor, la alegría, el humor o la valentía. Es un impulso muy positivo, pero no necesitas expresar nada por el momento. Cuando practiques, solo continúa conectándote y permaneciendo con el amor esencial, fortaleciendo el vínculo. Ya tendrás muchas oportunidades en la vida diaria para expresar tu amor esencial. Por ahora, solo debes fortalecer el acceso y confiar en que encontrarás la morada del mundo sensible, de tu bienestar natural. Solo permanece en casa.

Te daré una clave: reconoce el amor esencial con tanta frecuencia como te sea posible en el contexto de la práctica de la meditación formal y también en la vida diaria, con y sin el uso de detonadores. Sigue este modesto consejo: *Momentos breves, muchas veces*. Esto nos recuerda que debemos volver a familiarizarnos, a fortalecer el vínculo y a nutrir el amor esencial en nuestro interior.

Creo que estas maneras de conectarse con el amor esencial son fundamentales para tener una vida sana y plena de bienestar. De otra manera, podríamos quedarnos estancados para siempre y depender de condiciones externas, podríamos buscar la gratificación personal en otros lugares, en vez de en nosotros mismos. Sería como estar siempre hambrientos y tratar de comer algo, de llenar el vacío. Mientras nuestra mente se comporte así, no podremos ser libres, y cuando digo "libres", me refiero a una felicidad muy profunda, ligera y alegre.

Los grandes maestros de las generaciones pasadas tenían esta felicidad en el fondo, sus mentes no juzgaban ni comparaban, eran compasivos, libres, y los invadía el bienestar. Al mismo tiempo, tenían preocupaciones y se mantenían alerta. El amor esencial es crucial en este sentido. Yo aspiro a que descubramos todo esto en nuestro interior y lo compartamos con otros.

DANIEL GOLEMAN: LA CIENCIA

Fue una semana provechosa en el retiro dirigido por Tsoknyi Rinpoche. Las secciones de práctica me dejaron en un estado de tranquilidad permanente, "feliz sin razón alguna", como él dice. Me sentía repleto, no necesitaba nada más. Todo se sentía bien sin importar lo que pasara.

Tara y yo íbamos en el automóvil, llevábamos a Rinpoche del retiro a visitar nuestra casa, a unas cuantas horas de camino.

—Me siento muy bien de verdad —le dije a Rinpoche—. Ahora sé lo que significa "bienestar".

—Estás en contacto con la comodidad, con la señal del amor esencial —explicó.

—Me gustaría que esto durara para siempre —dije.

—Durará mientras puedas continuar encontrando este lugar en tu interior —me aclaró.

Sin embargo, cuando volví a casa caí de nuevo en el remolino de mis listas diarias de pendientes, de las llamadas, los correos electrónicos y otros asuntos sin resolver, y la sensación de bienestar se desvaneció poco a poco porque la fue cubriendo la cascada cotidiana de todo lo que tenía que hacer y pensar, y de las cosas que me inquietaban.

Hay dos tipos de felicidad. El primero, explica Rinpoche, depende de lo que nos pasa a lo largo del día, y aunque nos "anima" cuando nos sucede algo bueno, si las cosas no salen bien podemos sumergirnos en sentimientos negativos. Este subibaja emocional desgastó de forma gradual la emoción que me había causado el retiro.

El segundo tipo de felicidad es más estable. Viene de nuestro interior y se queda con nosotros sin importar lo que suceda. Es a lo que Tsoknyi Rinpoche llama *amor esencial* y podemos identificarlo porque el sentimiento de comodidad lo delata. Este amor nos permite ser felices sin ninguna razón en especial, es decir, no dependemos de algo externo para sentirnos bien. Es una cualidad estable y alentadora que continúa así sin importar que tengamos que enfrentar desilusión, frustración o inconvenientes.

La teoría psicológica es una suerte de experiencia autobiográfica, es decir, los psicólogos intuyen dónde enfocar su investigación con base, hasta cierto punto, en sus propias vivencias. Esta puede ser una de las razones por las que este campo no ha dicho gran cosa respecto a la posibilidad de un estado interior que se mantenga positivo sin importar lo que debamos enfrentar. Es probable, incluso, que la ecuanimidad que se manifiesta sin importar los sucesos negativos se haya mantenido al margen de la experiencia humana porque los psicólogos no la han vivido. La psicología se ha enfocado más bien en estados patológicos como la ansiedad y la depresión extremas.

No fue sino hasta hace poco que la ciencia psicológica empezó a enfocarse en cualidades relacionadas con lo que Rinpoche llama *comodidad* o *bienestar*. Este cambio hacia un enfoque más alentador comenzó con el interés en el movimiento de la psicología positiva, el cual permitió que la ciencia notara aspectos más optimistas de nuestra experiencia: asombro, gratitud y compasión, entre otros.

Este nuevo enfoque destacó cualidades que tenían elementos similares a los del amor esencial, como la "felicidad intrínseca" o, tomando prestado un término griego, la *eudaimonia*, que a veces se traduce como "florecimiento". Esta variedad de felicidad proviene del interior y parece bastante impermeable a los sucesos de nuestra vida.

En psicología, la analogía más cercana al concepto de bienestar o comodidad de Rinpoche podría ser el nuevo campo del bienestar, y la comprensión y verificación científica de que este estado interior positivo puede cultivarse.[1] En pocas palabras, el bienestar es una habilidad. Mi viejo amigo Richie Davidson, neurocientífico connotado y estudiante de Mingyur Rinpoche, hermano de Tsoknyi Rinpoche, dirige en la Universidad de Wisconsin un grupo que promueve el bienestar por medio de la investigación sobre el tema y de una aplicación que le ayuda a la gente a sentirse bien.[2]

El principio que sustenta esta investigación indica que podemos cultivar un estado interior de bienestar. La idea general en la ciencia cerebral depende de la "neuroplasticidad", es decir, entre más practiquemos una rutina dada, más se fortalecerá el circuito cerebral subyacente. Según Davidson, es en este sentido que el bienestar es una habilidad que podemos practicar y llegar a dominar. Es decir, podemos practicar meditación de la misma manera que el *swing* de golf.

El concepto de "momentos breves, muchas veces" nos recuerda que debemos practicar estos movimientos mentales, y que así ocurrirán con más frecuencia y naturalidad. De hecho, *gom*, la palabra tibetana para "meditación", significa algo como "acostumbrarse a". Dicho de otra forma, entre más nos conectemos con nuestro amor esencial y su sensación de bienestar, más fácil será nuestro acceso.

El grupo de Davidson explica que un componente clave del bienestar se encuentra en la actividad de una región fundamental en el córtex prefrontal, o sea, en el centro ejecutivo del cerebro, el cual se halla justo arriba de los ojos, detrás de la frente. El circuito cerebral que converge en esta región fomenta la conciencia de uno mismo, es decir, nos permite rastrear mejor nuestros pensamientos y sentimientos, y notar cuando estamos distraídos: la clave para enfocarnos de nuevo en lo que sucede en este momento.

De acuerdo con las investigaciones en Harvard y otros lugares, entre más deambula nuestra mente, peor nos sentimos.[3] Por eso, entre más tiempo pasa la gente deslizando la pantalla de su celular, es más probable que diga que se siente deprimida. Por otra parte, el grupo de Davidson descubrió que ser capaces de enfocar nuestra atención en lo que sucede en nuestro interior y a nuestro alrededor en el presente da como resultado una noción más fuerte de bienestar. Esto coincide con los hallazgos de quienes investigan la psicología positiva: la capacidad de reflexionar respecto a nuestra propia experiencia nos ayuda a tener mejores estados de ánimo.

Otra cosa que contribuye al bienestar, en este sentido, es ser curiosos respecto a nuestros hábitos emocionales y los pensamientos que los acompañan, como cuando, durante la práctica del apretón de manos, los vemos ir y venir sin aceptarlos.

Por ejemplo, cuando ciertos circuitos cerebrales, fundamentales para esta parte del centro del bienestar situada en el córtex prefrontal, cobran conciencia de nuestros pensamientos, también hay una implicación de los circuitos en la región lateral.[4] Ser capaces de manejar nuestros propios estados emocionales depende de que se produzca una fuerte conectividad entre los circuitos de la región prefrontal que se conecta con la amígdala: el radar cerebral que detecta las amenazas y dispara sentimientos como el enojo y el miedo.

Hay muchos tipos de meditación que parecen facilitar este cambio cerebral. Al parecer, cuando observamos nuestra propia mente con una actitud de aceptación, que es la esencia de la práctica del apretón de manos, los beneficios a nivel biológico son aún mayores. Esto se evidencia, por ejemplo, con la disminución de las señales fisiológicas del estrés.

Cuando hablé con Richie respecto al bienestar, él me mostró las investigaciones que su grupo había realizado en torno a la resiliencia, o sea, la capacidad de recuperarse pronto tras un malestar.[5] Algunas personas, por naturaleza, son lentas para recuperarse, pero, como indica Richie, todos podemos aprender a hacerlo en menos tiempo.

Recuperarse rápido de los descontentos y de los cambios biológicos que provoca el estrés es una de las maneras en que practicar métodos como el del apretón de manos puede ayudarnos. A lo largo del día, mucha gente lidia con una gran cantidad de sucesos molestos y perturbadores, pero algunas personas actúan con ligereza o no reaccionan ante ellos. Con las prácticas correctas, esta capacidad también puede desarrollarse.

El tercer aspecto de la reacción emocional reside en el nivel de intensidad con el que experimentamos nuestro enojo o malestar. Insisto, un detonador emocional puede causar un alto nivel de aflicción y malestar fisiológico en algunas personas, pero hay otros individuos que reaccionan con menos intensidad, por lo que, en lugar de iniciar una tormenta, el detonador solo provoca en ellos una lluvia ligera.

Como ya lo vimos, estrechar la mano nos ofrece una manera práctica de lidiar con nuestros disparadores emocionales y con el malestar que provocan. Asimismo, este método nos abre una puerta para ser más imperturbables: la sensación de bienestar.

El grupo de Davidson descubrió que el bienestar se apoya en otros pilares también. Uno de ellos consiste en cuestionarse a uno mismo, en examinar nuestras emociones y sus causas con una actitud de aceptación en lugar de crítica o juicio. Este método, por supuesto, coincide con el "apretón de manos" que produce bienestar. Las investigaciones sobre el cerebro sugieren que este proceso de "autocuestionamiento" activa en el centro ejecutivo del cerebro las mismas áreas que usamos para lidiar con las emociones perturbadoras, así como una red neuronal. ¿El resultado? La sensación de bienestar.

Hay otro pilar muy similar a la práctica del apretón de manos, se llama *reflexión y entendimiento*. Nos permite cobrar conciencia de la voz que nos habla desde el interior de nuestra mente, desde que despertamos hasta que nos quedamos dormidos por la noche. A veces, esta voz nos da una suerte de discurso motivacional que nos deja sintiéndonos más vigorosos y entusiastas respecto a la vida, una especie de combustible para el estado de ánimo positivo.

No obstante, esta misma voz puede tornarse crítica y juzgar con severidad lo que hacemos, decimos, e incluso lo que pensamos. En ese caso, vale la pena buscar un lugar estable en nuestra mente para permitir que esos pensamientos vengan y vayan. Es algo parecido a lo que nos ofrece la práctica del apretón de manos. A medida que los pensamientos negativos vayan menguando, los sentimientos de bienestar volverán a surgir.

De acuerdo con las investigaciones, tener compasión por nosotros mismos y una actitud de aceptación mejora nuestra noción de bienestar de varias maneras. Nos da la capacidad de lidiar mejor con sentimientos perturbadores, y también nos provee habilidades más sólidas para la empatía, como la de detectar señales sociales sutiles. En cambio, la rigidez y la autocrítica al contemplar nuestros pensamientos y sentimientos solo nos encaminan a la depresión y la ansiedad.

En términos de la actividad cerebral, el hecho de tener una noción positiva de bienestar parece estar relacionado con la creación de fuertes vínculos entre el centro ejecutivo en el córtex prefrontal y lo que se conoce como la "red neuronal por defecto": una serie de circuitos cerebrales que se vuelven más activos cuando nuestra mente vaga, como sucede durante la ensoñación. Se trata de un estado en que somos más proclives a tener pensamientos perturbadores de manera repetitiva, en lugar de pensar de una forma constructiva.

El sello distintivo del amor esencial y del bienestar que sentimos va más allá de la baja probabilidad de sufrir problemas emocionales como la depresión y la ansiedad. Lo que en verdad marca la diferencia en nuestro estado interior es el aspecto positivo, es decir, la "chispa" que acompaña a los sentimientos de dicha y de la exacerbación de la vida.

Aunque los sentimientos de bienestar que se producen cuando nos conectamos con nuestro amor esencial son en realidad la verdadera recompensa, hay otra serie de ventajas para nuestra salud física y emocional. Para empezar, quienes dicen experimentar un nivel más elevado de bienestar son más resilientes al estrés y, cuando se alteran, su recuperación toma menos tiempo.

Además de esta resiliencia al estrés, hay otras ventajas, entre ellas, un riesgo menor de sufrir enfermedades cardiacas y otros desórdenes médicos que suelen exacerbarse con la inflamación que causa la ansiedad, como la artritis, la diabetes y el asma. Asimismo, se cuenta con datos sólidos que indican que el bienestar disminuye nuestra vulnerabilidad a las condiciones emocionales negativas como la ansiedad intensa y crónica, la depresión y, quizá, toda una serie de desórdenes como los alimentarios o incluso la psicosis. Además, el bienestar fomenta la concentración y una disminución de la distracción que, según hallazgos recientes, es en sí misma un disparador de estados de ánimo negativos. Otra ventaja: de acuerdo con las calificaciones de los exámenes, la disminución de la errancia mental y el mejoramiento del enfoque dan como resultado un mejor aprendizaje.

En resumen, las instrucciones para cultivar el amor esencial se sustentan en la práctica del apretón de manos, la cual permite aprovechar la aceptación de uno mismo para tener acceso a la chispa elemental de bienestar que dejamos que surja en nuestra vida, hogar natural del mundo emocional. El amor esencial nos brinda la forma de evitar quedarnos atrapados en nuestros pensamientos autocríticos, ya que reconoce, restaura y nutre el bienestar natural. A diferencia de los métodos de autoayuda, que se limitan a la apreciación por uno mismo, el fortalecimiento del amor esencial nos da una manera de nutrir el bienestar elemental a pesar de los altibajos de nuestro pensamiento y emociones. Todo esto nos pone en contacto con la sensación interior de comodidad y tranquilidad.

Como lo veremos en el siguiente capítulo, el amor esencial fortalece la compasión que sentimos por nosotros mismos, la cual representa un paso preliminar para sentir compasión por todos los demás seres.

SEIS

AMOR Y COMPASIÓN

TSOKNYI RINPOCHE: LA EXPLICACIÓN

Hace poco me preguntaron: "¿Cómo aprendió usted sobre el amor?".

El tipo de amor que aprendí de todos mis maestros, desde mi abuelo hasta los grandes monjes que conocí después, era muy distinto del amor "normal". El sabor del amor y la compasión estaban presentes, pero de una manera muy abierta, inclusiva y libre de juicios. Ellos nunca me dijeron: "Ah, sí, te amo: eres increíble, eres maravilloso", lo que hicieron fue brindarme el regalo más valioso: fueron inclusivos y abiertos, y se ocuparon de mí. Nunca me sentí separado de mis maestros. Por alguna razón, la sensación de que se interesaban en mí me ha seguido adondequiera que he ido como una sombra.

Mi padre no solía decir *te quiero*, pero yo tampoco necesitaba escucharlo. Cuando la apertura no viene acompañada de un apego excesivo o de un plan ulterior, también es amor. Es, más bien, como una noción general de que alguien se interesa y ve por nosotros. No juzgar también es amor. El amor puede surgir en muchas otras dimensiones, no se concentra en una sola área. Yo sentía que mis maestros eran muy abiertos y cariñosos, y que estaban dispuestos a recibirme siempre que regresara para reunirme con ellos. Eran muy accesibles, nunca sentí que fuera necesario hacer cita para visitarlos, ni que alguna de mis preguntas no fuera digna de ellos. Ahora me doy cuenta de cuán especial era esa situación. A diferencia del amor del apego, el cariño y cuidado de mis maestros era incondicional, casi como un espacio aparte. De hecho, el espacio es el verdadero amor para todos los fenómenos, sin él, no ocurriría ninguno.

En realidad, no fue sino hasta después, cuando vine a Occidente, que aprendí sobre esa noción del amor más estrecha y concentrada. Es un sentimiento condicional. También es amor, pero es demasiado intenso. El amor parental y el amor romántico, por ejemplo, desbordan sentimientos muy fuertes, tanto dulces como amargos.

A toda la gente le agrada hablar sobre el amor y la compasión. De cierta forma, el amor y la compasión son dos de los temas más sencillos y naturales de tratar en la meditación y el sendero espiritual porque han trascendido todas las diferencias entre filosofías, doctrinas y tradiciones. Pueden ser un punto de encuentro para las distintas fes, y también para los mundos seglar y religioso. Sin embargo, el punto de vista budista tiene una particularidad sutil, pues sugiere que todos los seres sensibles poseen amor y compasión de forma innata. Incluso podemos decir que el amor y la compasión *son* nuestra verdadera naturaleza. A pesar de que esta naturaleza nos pertenece por derecho de nacimiento, también podemos cultivar estas cualidades deliberadamente. Es como estimular algo para que surja, crezca y se expanda.

Así pues, nutrir el amor y la compasión se transforma en un baile entre la aceptación de la capacidad innata y la estimulación de las distintas formas de cultivarlos. Un ejemplo de ello es la observación de nuestro ego y de la manera en que puede obstruir y contaminar el amor y la compasión. En la tradición budista de donde provengo, exacerbamos la importancia del *bodhicitta*, una noción que puede describirse como un *altruismo vasto y sin sesgos*. Es el estándar por excelencia de la motivación, el tipo más exquisito de intención al que podemos aspirar. Sin embargo, antes de que pueda surgir el altruismo sin sesgo, debemos nutrir las semillas del amor y la compasión.

La naturaleza subyacente

El amor innato y la compasión, centro de nuestra naturaleza, son como un sol contenido en una casa cerrada. Su calor natural siempre brilla e irradia, pero la casa que lo contiene está cerrada de una manera muy estrecha. Las persianas representan todo aquello que nos oscurece, como nuestro egocentrismo, la fijación con el ego, el apego extremo, los sesgos y la aversión. Por suerte, aunque bloquean buena parte de la luz y del calor del sol, no impiden por completo que entren. Algunos rayos de luz y calor siempre se cuelan por los huecos. Estos rayos son como los sentimientos y pensamientos de amor y compasión que tenemos, la ternura que sentimos por nuestra familia, amigos y mascotas. También el amor romántico que sentimos es uno de estos rayos. Parte de la práctica consiste en entender nuestra naturaleza innata de amor y compasión, y otra parte implica trabajar en la eliminación de las persianas que oscurecen todo para que la naturaleza del amor pueda brillar e irradiarse con libertad hacia todos los seres.

Antes de profundizar en la naturaleza del amor y la compasión, volvamos por un momento al amor esencial. En el capítulo anterior discutimos este concepto y dijimos que era una comodidad y tranquilidad básica, un bienestar natural con el que nacemos, pero que a menudo se ve cubierto por capas de estrés, autocrítica y otros bloqueos emocionales. Asimismo, empezamos a hablar un poco del hecho de que el amor esencial es el cimiento o semilla del sano *amor de expresión*. En otras palabras, la manera saludable de expresar compasión o de entrenarse para brindarla se basa en el amor esencial.

El amor esencial nos ayuda a minimizar o reducir los posibles efectos colaterales de la compasión, como sentirnos deprimidos por el sufrimiento de otros, o desarrollar odio hacia los perpetradores del daño. La posibilidad de deprimirnos surge porque ver sufrir a otros puede detonar un sentimiento de vacío en nuestro interior. El amor esencial nos permite canalizar la empatía y la compasión para transformarlas en acción y amor, sin sentir el vacío ni la energía destructiva del odio. Si no tenemos amor esencial, también es probable que nos volvamos posesivos y obsesivos, o que con frecuencia nos quedemos atrapados en relaciones de codependencia o poco sanas. En resumen, el amor y la compasión innatos pueden manifestarse de maneras muy limitadas y oscurecidas por otros factores. Podemos, por ejemplo, ser parciales o incluso sentirnos bastante confundidos. Cuando contamos con un amor esencial saludable y bien anclado, el amor y la compasión irradian de forma natural, con menos cargas e historias. Asimismo, la probabilidad de que se reabran nuestras heridas disminuye.

El principal objetivo es llegar a experimentar amor y compasión no solo por quienes sentimos cercanos a nuestro corazón, sino también por nuestros enemigos. Para lograr eso, primero necesitamos cimientos en el amor esencial porque, de otra manera, la compasión surgirá de una tierra inestable. Por ejemplo, uno de nuestros patrones frecuentes podría fomentar el amor y la compasión de una forma especial, como cuando sentimos inclinación por una raza específica de perro. En ese caso, estaríamos hablando de un sentimiento sesgado. Si no contamos con la calidez subyacente del amor esencial, los sentimientos y los detonadores se convierten en amor y compasión sesgados. Por eso el amor esencial es tan importante como cimiento.

En resumen, el amor saludable surge cuando hay amor esencial, y el amor no saludable carece de esta base. Pero este es un tema delicado. Debes saber que no es que quiera juzgar a la gente por tener amor y compasión "no saludables", lo que quiero es hacer énfasis en el hecho de que a todos nos cuesta trabajo expresar nuestro potencial. Dado que el apego, los celos y la posesividad suelen girar sin control alrededor del amor y la compasión, tenemos que enfrentarnos a un coctel de emociones.

A veces sientes amor, pero no sabes si es saludable o no. Para averiguarlo, puedes usar la atención consciente, o sea, cobrar conciencia de la situación y de tus sentimientos amorosos. Digamos, por ejemplo, que conoces a alguien y de pronto te sientes interesado en esa persona en el aspecto romántico. Estás emocionado, sientes posibilidad, fantasía y una pizca de celos respecto a las otras opciones de esa persona: es un remolino de sentimientos. En ese caso, trata de que tu conciencia se deje de enfocar en la persona, y llévala hacia tu mundo sensible. Ahora cobra conciencia de los sentimientos, pero por ellos mismos. Luego reconéctate con el amor esencial y ánclate en tu comodidad elemental. Después observa de nuevo al sentimiento de amor.

¿Hay sesgo o no? ¿Hay enojo o no? Si te conectas al amor esencial, habrá menos sesgos y enojo en tu vida. Naturalmente, nuestro amor siempre viene acompañado de cierta cantidad de apego o celos, y eso es normal. Lo que no es normal es el exceso. Si notas que manifiestas estos sentimientos en demasía, vuelve a conectarte con el amor esencial y exprésate desde ese lugar. El amor esencial impide que sufras un desequilibrio o que el apego y los celos se salgan de control. ¡Qué diferencia!

El amor esencial te hace sentir seguro, elimina el vacío. Otra cosa que te salvará de los extremos es la inteligencia. Digamos, por ejemplo, que yo siento amor por mi prometida, y de pronto noto que un hombre la observa. Me puedo sentir celoso y enojado, pero si tengo amor esencial, tendré algo de seguridad y podré pensar: *De acuerdo, estoy sintiendo esto, pero no hay problema. Ese hombre tiene ojos, así que puede mirar. No pasa nada malo.* Aquí, el amor esencial le habla a tu inseguridad.

El budismo se fundamenta en el deseo de ser feliz y tener bienestar para nosotros mismos y para otros. Queremos que todos sientan esto, que tengan la misma oportunidad, por eso nos entrenamos y aprendemos que hay varias razones por las que los humanos son iguales. Somos iguales porque deseamos felicidad y evitamos el sufrimiento. En la tradición budista de donde provengo, a esta manera de pensar le llamamos *lojong*, que significa "entrenamiento mental". Su Santidad, el Dalai Lama, lo recomienda mucho, también Sharon Salzberg, amiga mía de hace muchos años y connotada maestra de la práctica del amor y la bondad.

A pesar de que hay muchas maneras de catalogar la felicidad, y del hecho de que esta puede ser distinta para cada persona, existe una felicidad genérica y "ética", es decir, que no daña a otros. La felicidad ética es cercana al bienestar básico del amor esencial. Por desgracia, algunas personas tienen más oportunidad de gozar de ella, y otras menos. Asimismo, hay quienes experimentan menos sufrimiento y más felicidad. La bondad amorosa es un concepto que implica sentir amor por quienes tienen menos oportunidad a pesar de que cuentan con el mismo derecho que los demás a ser felices y prosperar. Amor significa desear que reciban el fruto de la felicidad.

Niveles de amor de expresión

El amor es un tema complejo. Por sí misma, la palabra incluso tiene muchas connotaciones distintas. En nuestra tradición usamos varios términos para el amor, como la palabra *meta* (*maitrī* en sánscrito) que suele traducirse como *bondad amorosa, benevolencia* o *buena voluntad*. Estas definiciones nos ayudan a distinguirlo de sentimientos ordinarios relacionados con el amor posesivo. Asimismo, tenemos otras palabras similares a los términos *affection* y *care* en inglés (*afecto* y *preocuparse por alguien*, respectivamente).

A mí me agrada pensar que el amor es un fenómeno con muchos niveles. El amor esencial es la base, la tierra misma. A partir de esa tierra surgen y florecen varios tipos de amor de expresión en nuestras relaciones y en nuestra práctica espiritual. Podemos, por ejemplo, sentir amor parental, de hermandad, de sororidad, amor romántico, amor amistoso, devocional, compasivo, etcétera. Todas estas expresiones tienen, hasta cierto punto, la textura del amor esencial, están empapadas de él. El amor esencial es como los ojos del amor, en tanto que el amor de expresión es como el cuerpo y los miembros: brazos y piernas. También podríamos decir que el amor esencial es como la calidez subyacente o la capacidad de arder, mientras que el amor de expresión es la representación, el color y la forma de las llamas, es decir, lo que en realidad vemos.

Las formas saludables de amor de expresión hacen que la vida sea significativa y gozosa, también son el sustento que nos ayuda a sobrevivir cuando las cosas se ponen difíciles. Estos tipos de amor suelen estar atados al apego, lo cual es normal. Podemos, quizás, imaginar un amor más allá del apego, una manera profunda y refinada de amor y compasión sin sesgos. Esta situación ideal significa que no estamos limitados a sentir amor y compasión por cierta gente o grupos en particular, como la familia, los amigos, "mi gente" o las víctimas. Podemos sentirlo por *toda la gente*, por desconocidos, por nuestros enemigos e incluso por criminales. Es una situación a la que es difícil aspirar, pero para la que podemos entrenarnos. La culminación del amor y la compasión sin inclinaciones específicas es el *bodhicitta*, es decir, el *altruismo vasto y sin sesgos*.

El amor puede surgir con base en el pensamiento o en el razonamiento, pero los dos son importantes y pueden cultivarse. De hecho, los necesitamos a ambos para poder avanzar hacia el amor y la compasión sin sesgos. Sin sentimiento, la razón pura puede tornarse árida, y perder calidez y ternura. Si no nos sentimos conectados con lo que decimos, repetir frases y aspiraciones amorosas puede devenir un proceso mecánico. Por otra parte, el sentimiento puro, sin el acompañamiento del pensamiento y la razón, puede llegar a ser limitado y reactivo porque los sentimientos provienen usualmente de nuestros patrones habituales. El razonamiento puede elevar al amor y la compasión y llevarlos más allá de sus raíces en el sentimiento, transformándolos en algo más vasto. Digamos, por ejemplo, que sentimos cierto amor por nuestra mascota. Este sentimiento es hermoso, pero se limita a sí mismo y a un solo ser. El entrenamiento nos permite usar el afecto como base para expandir nuestro amor e incluir a más y más seres. *¿Por qué no todos los seres merecen la misma ternura que siento por mi mascota? ¡Claro que la merecen!* Recuerda que podemos alimentar el afecto y permitir que nuestro corazón se llene de más y más compasión cada vez.

Los obstáculos del amor y la compasión

Hay muchos obstáculos emocionales para el amor y la compasión, pero podemos condensarlos en tres: apego, indiferencia y aversión.

El apego es complicado, es un sentimiento al que el amor suele estar atado. El término puede ser confuso porque la psicología lo usa para transmitir la idea de una experiencia positiva: el *apego seguro*. Esta experiencia es importante en la infancia y continúa siéndolo más adelante. Los budistas están de acuerdo en que, para un niño, es muy importante sentirse seguro y a salvo en sus relaciones principales. De hecho, es esencial para todos los seres. Sin embargo, nosotros, los budistas, usamos el término *apego* en un sentido diferente, para indicar un tipo poco saludable de "sujeción" extrema, un patrón que nos limita y nos hace aferrarnos: *Te amo porque eres mío, o mía. Te amo porque me haces feliz.*

A menudo, el término provoca confusión porque nos hace dar por sentado que los buenos budistas deben "desapegarse", lo cual podría ser malinterpretado y entendido como una especie de indiferencia. Podríamos, por ejemplo, imaginar a una persona alienada, alguien a quien no le importan los demás. En mi opinión, esto es un error. La práctica budista rigurosa y equilibrada debería hacer que los otros nos importen, y mucho. No solo la familia y los amigos, sino toda la gente, ya que es posible desarrollar una profunda valentía para ver el sufrimiento ajeno y abrir nuestro corazón para todos. Por eso te pido que entiendas bien la tradición y no creas que ser indiferente o no preocuparte por los demás es un rasgo representativo de una aptitud o logro espiritual. No es así. Ser indiferente es señal de que estás adormecido y distante, de que no has estrechado la mano con esos monstruos hermosos. Incluso es probable que digas que no comprendes la diferencia y uses esto como excusa. Por favor, no lo hagas.

Dicho lo anterior, cabe señalar que no debemos sentirnos tan mal por el hecho de que nuestro amor y compasión estén mezclados con el apego, ya que es normal. Solo debemos estar conscientes de ello. Te daré un ejemplo. Podríamos colmar a nuestras mascotas de dulzura y sentir un afecto intenso por ellas, pero, si alguien les pisa una patita por accidente, también podrían darnos ganas de gritarle o golpear a esa persona. Por lo general, amamos a quienes nos aman, a quienes nos tratan con bondad y nos ayudan, a quienes nos hacen sentir bien. El apego, sin embargo, puede hacer que el amor y la compasión desarrollen un sesgo y se transformen en preferencia y prejuicio. *Me encanta este tipo de gente, pero no aquel. Siento compasión por ella, pero no por él.* Aunque es hermoso sentir amor y compasión por ciertos seres, nuestro mundo se mantiene dividido entre aquellos por quienes experimentamos estos sentimientos y aquellos por quienes no sentimos nada: los amados y los no amados.

La indiferencia es otro obstáculo importante que puede presentarse cuando, por ejemplo, tenemos una actitud neutral hacia los desconocidos o incluso hacia conocidos lejanos. Tal vez sentimos que, en el fondo, no importa lo que les suceda. Quizá no les deseemos ningún daño, pero tampoco nos importan en particular porque no los conocemos. Podríamos pensar: *De por sí, me cuesta bastante trabajo lidiar con las complejas relaciones que tengo ahora, ¿por qué querría preocuparme también por gente a la que no conozco?* Sin embargo, estos seres son tan dignos de nuestro amor y compasión como aquellos a quienes conocemos y nos importan. Ellos también sufren de forma innecesaria.

Uno de los mayores obstáculos para sentir amor o compasión vastos es la simple aversión. La aversión se presenta en muchas formas y sabores. La más ligera se manifiesta como desagrado y enfado, pero hay otra más intensa que deviene en enojo, odio e ira. Naturalmente, puede haber muchas razones para sentir estas emociones y, en ocasiones, creemos que están bien justificadas: *¡Él me hizo daño!* Otras veces, pueden parecernos más bien azarosas: *No me agrada la gente que habla demasiado fuerte. Tampoco la gente que usa ropa holgada.* Si pensamos en los comportamientos que nos desagradan, nos irritan o nos han dañado, solemos dar por sentado situaciones álgidas, ya sea de manera consciente o no: *Lo hicieron a propósito. Sabían lo que estaban haciendo. Querían dañarme o irritarme. Deberían saber que eso no se hace.*

Sin embargo, si analizamos a conciencia lo que damos por sentado, verás que empieza a desmoronarse. Si, en el fondo, de verdad queremos que otros sean felices, ¿no resulta lógico que, en el fondo, ellos deseen lo mismo para nosotros? En ese caso, podríamos preguntarnos: *De acuerdo, ¿pero entonces por qué cometieron esa estupidez o por qué me hicieron daño? ¿Qué otra explicación podría haber para un comportamiento tan irritante?* Bien, entonces, ¿por qué *nosotros* hacemos cosas de las que *nosotros* nos arrepentimos también? ¿Por qué dañamos a otros? Tal vez se trata de un error, de un acto accidental o de un descuido, pero a menudo se debe a que una emoción desoladora se apodera de nosotros y nos hace perder de forma temporal el control de nuestro cuerpo, de la mente o el habla. En realidad, es inexacto decir que nosotros hicimos eso. Y, por supuesto, tampoco lo hizo alguien más. Sucedió *mientras estábamos bajo el control de una emoción que nos atribulaba.* Entonces ¿por qué debería ser distinto para los otros?

El hecho de considerar que la gente que nos daña, o se comporta de una forma desagradable, se encuentra bajo el influjo de una emoción que la atribula es un poderoso antídoto para la irritación, el enojo y el odio. Como puedes ver, en realidad la falla no es de esas personas, sino de las emociones que las controlaban. A pesar de eso, nosotros metemos todo en el mismo saco. Para colmo, nuestros propios sesgos y reticencia pueden añadirse a la mezcla y jugar un papel fundamental en la manera en que nos sentimos y reaccionamos. Si ya mostramos algo de resistencia con anterioridad, o si le tenemos cierto resentimiento a alguien, bastará un incidente menor para sentirnos heridos y hacernos reaccionar. La persona, sus emociones, sus actos y sus palabras serán como una especie de gran bulto que, a su vez, ¡nos hará sentir como un gran bulto de ira y dolor!

En realidad, la persona, sus emociones, sus acciones y su naturaleza son dimensiones distintas. Si a nosotros nos abruman emociones desoladoras que nos llevan a dañar a otros, a actuar mal y luego arrepentirnos, lo mismo les puede suceder a los demás. Entonces, ellos también son dignos de compasión porque, cuando actuaron, solo los abrumaban ciertas emociones. Esta noción la podemos comprender con mayor facilidad si pensamos en los niños. Si un niño hace un berrinche, por lo general podemos separarlo de la emoción y de sus acciones. Cuando le sucede a un adulto, sin embargo, se nos olvida hacer esta diferencia y pensamos que esa persona debería asumir una mayor responsabilidad de sus emociones.

Llegar al punto de sentir compasión genuina por todas las personas involucradas en una situación negativa, es decir, la víctima, los culpables y los testigos, nos permitiría experimentar algo muy poderoso. Esto no significaría que perdimos la capacidad de discernir y de reconocer lo correcto de lo incorrecto, ya que aún podríamos distinguir entre la virtud y la deshonestidad. Tampoco significaría que nos volvimos pasivos en extremo y que ya no podremos brindarles protección a quienes la necesitan. Si es necesario intervenir, debemos hacerlo, debemos proteger a otros. Si necesitamos protegernos a nosotros mismos del maltrato o el abuso, también debemos actuar sin dudar ni un instante. Sin embargo, recuerda que somos capaces de sentir compasión por todos los involucrados. Esta capacidad es un regalo, nos permite excluir de la situación las emociones negativas, como el odio o la venganza. Cultivar la compasión por las personas que nos desagradan o nos resultan irritantes, e incluso por quienes nos han dañado, nos ofrece una gran oportunidad de transformación.

La distinción entre amor y compasión

El amor y la compasión son muy similares, y los seres humanos necesitamos de ambos. El amor es más sencillo que la compasión porque se enfoca en la bondad, mientras que la compasión tiene el valor para proteger del sufrimiento. El amor les desea bien a otros y desea que florezcan, que tengan bienestar, alegría, salud, éxito, moralidad y todo lo que es deseable y bueno.

La compasión, por otra parte, se enfoca en el sufrimiento, tan diseminado en este mundo, y desea aliviarlo, para ti y para los otros. La compasión se enfoca en la seguridad y toma en cuenta todo tipo de sufrimiento: físico, mental, emocional, social y espiritual. La compasión está dispuesta a mirar la vejez, la enfermedad y la muerte. La compasión ve el miedo, la ansiedad, la depresión y la soledad, entre otros. La compasión es una de las capacidades más hermosas y profundas que tenemos y, en cierto sentido, su funcionamiento es muy simple: encontramos el sufrimiento de manera directa o indirecta, y sentimos la necesidad de aliviarlo.

Al cultivar la compasión, sin embargo, las cosas pueden complicarse. Ver y reconocer el sufrimiento en el mundo nos puede parecer insoportable, nos puede abrumar. También detona heridas y monstruos hermosos en nuestra mente, lo cual nos hace sentir pesadez e incluso depresión. De hecho, si nos exponemos con frecuencia al dolor y el sufrimiento, podemos terminar derrumbándonos. Esta es una de las razones por las que muchos terapeutas, enfermeras, médicos, trabajadores sociales y otras personas que tienen profesiones que implican ayudar a otros sufren de fatiga extrema o *burnout*. Para evitar el desequilibrio, la compasión requiere cierta cantidad de entendimiento.

Necesitamos, por ejemplo, tener expectativas realistas. Hacemos lo que podemos a pesar de que sentimos la necesidad de cumplir con todo. Por esto no es recomendable esperar que alguien, ya sea nosotros mismos u otras personas, ayude más allá de su capacidad. Dicho de manera simple, no podemos dar más de lo que tenemos. Por otra parte, si no usamos la habilidad que poseemos, entonces no es compasión. Necesitamos encontrar el equilibrio entre lo que desearíamos poder hacer y lo que en verdad nos es posible.

Para evitar sentirse abrumado y abatido por la compasión, es útil contar con la sabiduría necesaria y entender la *impermanencia*, es decir, que nada permanece en un estado sólido e inmutable. Sin importar cuán mala sea la situación, nada es permanente. Toda condición está destinada a transformarse en algo más. También es útil ver la *interdependencia*, todo es resultado de causas y condiciones, todo depende de muchas otras cosas. Pase lo que pase, a un nivel esencial, todo se trata de una ocurrencia temporal, producto de la coincidencia de las causas y condiciones necesarias. Esto nos puede ayudar a acabar con el juego de la culpa y con la mentalidad de víctimas.

Disposición a sufrir

A veces me pregunto si debería hablar de la compasión genuina. Es un concepto muy valioso, pero hay muchos impostores. En ocasiones, incluso hablo de la "compasión californiana" porque me gusta molestar a quienes viven en el hermoso estado de California. Es probable que yo haya inventado esta historia, o no. Una noche, un agradable hombre que vivía en California y se dedicaba a lo espiritual estaba preparándose para acostarse. Encendió un poco de incienso y practicó la "meditación para la compasión" varios minutos antes de meterse debajo de sus suaves sábanas de algodón orgánico. Como quería sentirse fresco y lucir bien al día siguiente en el trabajo, esperaba dormir bien y tener un sueño reparador. De pronto, sonó el teléfono. Una amiga del hombre se sentía muy enferma y se preguntaba si podría llevarla al hospital. El hombre respiró hondo. Una parte de él quería ser la amable persona que haría lo que le estaban pidiendo, pero también tenía muchos deseos de dormir bien y de sentirse fresco en la mañana. El deseo de descansar ganó, así que el hombre se disculpó con una voz dulce y dijo que él no podía, pero que esperaba que alguien más pudiera llevarla, y que *de verdad esperaba que se sintiera mejor*.

Cuando la conversación telefónica terminó, el hombre volvió a meterse bajo las sábanas y trató de dormir, pero el sentimiento de culpa comenzó a inquietarlo, así que dio vueltas en la cama un buen rato. *Tal vez debí ayudarla… Si yo estuviera enfermo, me gustaría que mis amigos me ayudaran… Supongo que podría ir ahora y asegurarme de que esté bien…* Sin embargo, seguía sin ganas de vestirse, salir en su automóvil en la noche y enfrentarse a las brillantes luces del hospital. Después de un rato, la culpa y los sentimientos de conflicto fueron tan fuertes que se levantó, se puso su suave bata de tela orgánica y regresó a su cómodo cojín de meditación. Inhaló y exhaló de manera profunda, *y le envió a su amiga compasión y energía curativa*. Después de un rato se sintió mejor y pudo dormir.

Aunque la práctica de respiración y sus oraciones podrían *parecer* acciones compasivas, su intención en realidad era apaciguar *su* propio sentimiento de culpa para poder dormir. Es decir, su motivación era su bienestar personal. Es lo que yo llamo "compasión californiana".

Todos tenemos derecho a marcar límites y cuidar de nosotros mismos, pero a lo que este hombre hizo no podemos llamarle *acto de compasión*. No sería justo para los actos de compasión genuinos.

Podríamos llamarle *cuidado personal* porque sus acciones sirvieron para cuidarse a sí mismo. La diferencia, en mi opinión, es que uno debe estar *dispuesto a sufrir*. Para poder beneficiar a otros, la compasión profunda debe implicar una disposición a sentirse incómodo y a sufrir, y esto exige valor. De hecho, la valentía es un aspecto muy relevante en el tema del amor y la compasión. La valentía es lo que nos permite romper las creencias que nos limitan, los patrones emocionales y el miedo. En cualquier situación podemos sufrir o no, pero la compasión implica estar dispuestos a hacerlo. En este sentido, los beneficios para las otras personas son más importantes que la necesidad de evitarnos incomodidad. Es una actitud que la mayoría de los padres, en especial los que tienen niños pequeños, muestran todos los días. No obstante, nosotros también podemos entrenarnos para tener esta actitud y fortalecer las semillas en nuestro interior.

La práctica

En la práctica del apretón de manos aprendimos a sanar el vínculo entre nuestra mente y el mundo sensible. Uno de los resultados de este vínculo o conexión es una buena comunicación que podemos aprovechar para sanar y nutrir nuestro amor esencial, pero también para desarrollar el amor y la compasión. Cuando existe una buena conexión, podemos generar un pensamiento expansivo y compasivo, y permitir que inunde el mundo sensible. También podemos tener un sentimiento y luego usar nuestro pensamiento para mejorar su calidad o expandirlo.

INTÉNTALO POR UN TIEMPO: Siéntate en una postura cómoda e instálate en tu cuerpo y en el mundo sensible. Trata de conectarte con el bienestar básico del amor esencial. Ahora piensa: *Qué maravilloso sería si todos los seres pudieran ser felices, estar a salvo, prosperar, ¡y obtener lo que anhelan!* Trata de que este pensamiento permee tu mundo sensible y luego dale forma de aspiración y envíalo al exterior en todas direcciones.

Entrenamiento mental

En la tradición budista de donde provengo celebramos la práctica de *lojong*: "entrenamiento mental". Es el momento en que nos ponemos manos a la obra y desafiamos a nuestro ego usando la lógica, el razonamiento, la valentía y la persistencia. Recuerda que, después de todo, nuestro ego, con todo su egoísmo y su visión limitada, es la principal razón por la que el amor y la compasión terminan enterrados y se transforman en sesgos y prejuicios cuando los expresamos. Aquí solo nos referimos al "ego" ordinario, a la noción autorreferencial del "yo antes que los demás" que tiende a oscilar entre el autoengrandecimiento y la crítica excesiva de uno mismo. El ego suele centrarse en *mis* necesidades y en la gente y los objetos que considero "míos", en lugar de los que creo que son ajenos o pertenecen a "otros". A menudo sumamos esto a la alabanza personal y terminamos pensando: *yo, mi, a mí y mío.* Creo que es como una canción interna que nos cantamos a nosotros mismos todo el día: *Yo, a mí, todo tiene que ver conmigo…*

Aunque existen muchos tipos de entrenamiento mental, hay tres en especial que son útiles para contrarrestar la autoalabanza. Son *la igualación del yo y del otro, el intercambio con el otro,* y *la alabanza por otros más que por uno mismo.* El primer tipo, *la igualación del yo y del otro*, implica contemplar la igualdad elemental entre yo y otros seres. Recuerda que todos somos iguales porque todos deseamos alcanzar la felicidad y evitar el sufrimiento. No importa si somos mayores o jóvenes, ricos o pobres, educados o no. En este nivel humano elemental, todas nuestras diferencias de género, raza, orígenes, preferencias sexuales, religión, nacionalidad y etnia se igualan. Por supuesto, estas diferencias pueden ser bastante marcadas en otros niveles, pero a pesar de las variaciones en la experiencia, compartimos la misma plataforma básica de existencia porque todos debemos enfrentar el nacimiento, la vejez, la enfermedad y la muerte. Son reglas básicas de la vida, todos somos hermanos y hermanas al nacer, envejecer, enfermarnos y fallecer.

Igualación entre yo y el otro

Empieza adoptando una postura cómoda. Relájate con conciencia. Contémplate y reconoce que, en el fondo, quieres ser feliz y no sufrir. Ahora contempla a los otros y reconoce que, en el fondo, quieren ser felices y no sufrir. Piensa que, en este sentido, tú y los demás son lo mismo. Permite que las diferencias de la superficie se disuelvan en el profundo reconocimiento de la igualdad entre tú y todos los seres.

Piensa que todos tienen el derecho elemental a ser felices. Permite que te inunde una noción de aprecio profundo y compasión por todos los seres, deja que se desborde al exterior y deséales el bien a todos.

Intercambio con el otro

El segundo entrenamiento mental es *el intercambio con el otro*. Es como imaginar que caminas kilómetro y medio en los zapatos de otro, te pones en su lugar, en su mente y su vida. Imaginas sus sentimientos, pensamientos y luchas. Entre más lo entiendes, más "estás en sus zapatos". Si esa persona te hace algo malo, podrás comprender sus dificultades, de dónde viene y por qué está enojada; y si practicas bien esto, podrías casi convertirte en ella. Al observar su situación verás la interdependencia y entenderás sus condiciones y motivaciones cada vez más. Asimismo, entre más comprendas la situación de las otras personas, más simpatía y empatía podrás sentir por ellas. Este entrenamiento mental también nos puede ayudar a atajar y disminuir emociones como el orgullo y la envidia.

Cuando no sentimos compasión respecto a una situación, suele ser porque no la entendemos del todo. Una de las desventajas de intercambiarse por otro es que no sabremos a quién culpar. La mayoría de la gente sufre en la vida, y por eso algunos se comportan de manera incorrecta. Es probable que no estemos de acuerdo con sus acciones, pero tampoco necesitamos odiar a esas personas. Podemos sentir compasión aun cuando, decididamente, no estemos de acuerdo con ellas. Sus acciones son producto de la ignorancia, pero esa ignorancia no es algo que hayan elegido, es algo que está fuera de su control. Si logramos internalizar toda esta información, el odio real y profundo no surgirá. Es probable que sintamos un enojo pasajero, pero de ninguna forma será duradero porque comprenderemos que el daño es producto de la ignorancia.

Empieza por relajarte sin interrumpir la conciencia. Piensa en alguien que se encuentre en una situación difícil. Imagina que te pones en su lugar. Imagina cómo te sentirías. Las luchas mentales, emocionales y físicas que tendrías que librar. Permite que te inunden una compasión y preocupación profundas. Extiende esos sentimientos, primero, a esa persona, y luego a todos los demás seres. Repite la práctica con toda la gente que puedas, en situaciones distintas. Esta técnica es en especial útil cuando te cuesta lidiar con alguien.

La alabanza por otros más que por uno mismo

El tercer entrenamiento mental se llama *alabanza por otros más que por uno mismo*. Implica contemplar cuántos "otros" y cuántos "yo" hay en el mundo. No resulta sorprendente descubrir que solo hay un "yo", pero miles de millones de "otros", una cantidad incontable. Al comprenderlo, nos preguntamos: *¿Qué es más importante, la felicidad de un ser o la de una cantidad incontable de seres?* Después, nos sentamos y continuamos en esta reflexión hasta que nuestro interior se inunde de una preocupación y cariño profundo por otros. Esta práctica nos ayuda a reducir varios tipos de egoísmo y egocentrismo.

Empieza por relajarte con conciencia. Piensa cuántos seres hay en el mundo, humanos y animales; luego piensa cuántos *tú* hay. Pregúntate: *¿Qué es más importante, la felicidad de un ser o de una cantidad incontable de seres?* Piensa en todo el cuidado y preocupación que sientes por ti. Imagina que, en lugar de hundirte en espiral hacia tu interior, giras hacia arriba, sales de ti y te enfocas en servir a todos los seres.

Gratitud

Date la oportunidad de comprender que tu cuerpo es producto de otros. Es decir, literalmente fuiste creado por otros. Cada comida, cada vaso de agua, cada oportunidad que te ha brindado sustento proviene de la bondad de otros seres. Piensa que no podrías existir ni sobrevivir sin ellos.

REFLEXIONA: ¡Qué maravilloso sería poder retribuir la bondad de los otros! ¡Qué maravilloso sería si mi cuerpo, mi mente, mi energía y todos mis esfuerzos fueran benéficos para otras personas! ¡Espero que todos mis actos generen felicidad y libertad para otros!

El apretón de manos y el amor de expresión

La gente a menudo pregunta: "Si aún tenemos muchos monstruos hermosos con quienes debemos estrechar la mano, ¿podemos expresar compasión por otros y tratar de ayudarlos?".

¡Claro! No hay ningún problema si haces ambas cosas al mismo tiempo. Mientras estemos conscientes de nuestros monstruos hermosos y tratemos de conectarnos con el amor esencial, podremos seguir ayudando a otros. Si acaso, quizá necesitaremos cierta precaución adicional, un poco más de atención consciente para evitar los efectos colaterales, como que la compasión desencadene sentimientos de vacuidad, odio o venganza. El camino podría ser bueno o no, pero seguiremos conduciendo. Si es irregular y encontramos muchos baches, nada más necesitaremos un poco de conciencia y cuidado adicional.

Esta práctica consta de dos etapas: volver a conectarse de manera constante y fundamental con el amor esencial cada vez que lo necesitemos, y llevar a cabo los entrenamientos para el amor y la compasión. Lo ideal es alternar estas meditaciones y reflexiones para que el amor esencial sea la base de otras. Cuando no puedas vincularte con el amor esencial, involúcrate con lo que quiera que surja a partir de la práctica del apretón de manos. Estas reflexiones y meditaciones deben realizarse muchas veces.

Una vez más, adopta una postura cómoda, sentado o recostado en el suelo. Mantén la espalda erguida, pero relájate lo más posible. Empieza por dejar caer la conciencia hacia tu cuerpo. Permite que la conciencia encarnada se extienda al mundo sensible por un rato. Trata de conectarte con la comodidad elemental subyacente. Intenta notar un calor sutil o cierto bienestar debajo de todo lo que sucede en el mundo sensible. Si logras conectarte con el amor esencial, permite que bañe todo tu ser. Nutre tu conexión con él. Si no puedes conectarte, no te preocupes, solo estrecha la mano de lo que sea que suceda. Vuelve a esta situación una y otra vez.

Ahora, piensa en tus seres queridos y cercanos

Adopta una postura cómoda igual que al principio y relájate en la conciencia. Recuerda a alguna persona o animal por el que hayas sentido amor, ternura o afecto. Permite que los sentimientos se acumulen e inunden tu mundo sensible. Ahora deja que la imagen de ese ser se disuelva, pero conserva los sentimientos de cariño. Luego trata de extender esos sentimientos para alcanzar a otros seres. Primero enfócate en una esfera de seres queridos, cercanos a ti, luego expande cada vez más la esfera para incluir a más y más seres. Imagina cuán maravilloso sería sentir por todos los seres amor, compasión y afecto tan fuertes como los que sientes por quienes amas en particular.

Reflexión para los seres neutrales

Adopta una postura cómoda igual que antes y empieza por relajarte. Recuerda a un ser que no conozcas del todo o neutral, es decir, una persona o animal por el que no tengas sentimientos positivos o negativos en particular. Luego trata de generar una noción profunda de cariño y preocupación por ellos: *Deseo que seas feliz. Deseo que tengas paz. Deseo que estés a salvo. Deseo* que prosperes. *Deseo que se cumplan todos tus deseos.* Nota qué sientes cuando generas buenos deseos intensos para un ser neutral o al que realmente no conoces. Luego piensa en la cantidad infinita de desconocidos y de seres neutrales en el mundo, e imagina lo maravilloso que sería poder sentir preocupación, compasión y cariño profundos por todos ellos.

Reflexión para los seres difíciles

Adopta una postura cómoda y relájate con conciencia. Recuerda a un ser con quien te cueste relacionarte, alguien que te desagrade, un enemigo o una persona que te haga enojar. Trata de contemplar sus problemas, su situación, su sufrimiento. Tal vez ese ser desee ser una buena persona y hacer a otros sentirse bien, pero sus emociones desoladoras lo abruman. Trata de sentir preocupación y compasión por esa persona. Permite que la compasión y el cariño se acumulen y llenen tu mundo sensible. Imagina lo maravilloso que sería sentir esta preocupación y compasión por todos los seres del mundo.

DANIEL GOLEMAN: LA CIENCIA

Mi esposa Tara y yo fuimos afortunados y pudimos pasar algunas semanas con Tsoknyi Rinpoche y con Adeu Rinpoche, uno de sus maestros principales. Estuvimos en la isla de Putuoshan, la cual se encuentra cerca de China continental, no muy lejos de Shanghái. Se puede llegar por ferry.

Los tibetanos cuentan que en Putuoshan reside la Noble Tara, diosa de la compasión. Me han dicho que el Palacio Potala, en Lhasa, fue llamado así por Putuoshan. Los chinos creen que en esta isla se encuentra la morada de Kuan Yin, una versión de una diosa compasiva. Desde hace muchos siglos, la gente ha realizado peregrinajes a este lugar.

Cuando salimos del hotel para volver a casa, se nos acercaron dos monjes tibetanos. Uno de ellos cojeaba y se apoyaba en una muleta rudimentaria, en una de las piernas tenía una horrible herida infectada que supuraba. Necesitaba dinero para pagarle a un cirujano, ya que requería de una amputación urgente para no morir de una infección. Según recuerdo, el monje dijo que, para tener suficiente para la cirugía, necesitaba mil quinientos yuanes, la divisa china.

Sin pensarlo dos veces saqué mil doscientos yuanes de mi cartera y se los di, era todo el cambio que traía.

La expresión en el rostro de Adeu Rinpoche me hizo saber que aprobaba con entusiasmo este acto de caridad.

Esto me recuerda un momento con Anagarika Munindra, maestro de la tradición forestal tailandesa que vivió en Bodh Gaya, India, el lugar donde Buda alcanzó la iluminación. Munindra-ji pertenecía a la casta Bengali Barua, un grupo que decía que había sido budista desde el tiempo de Buda. Cuando Munindra-ji vio que mi hijo de tres años les daba dinero a los pordioseros, dijo: "Sadhu, sadhu, sadhu", lo cual indicaba que estaba siendo testigo de un acto digno de alabanza.

Según nos explicó, dar de esa manera no solo beneficiaba a la persona que recibía el bien, sino también a quien lo proveía, a quien mostraba generosidad con su acto. La generosidad es una de las *paramitas*, las nobles cualidades del carácter tan elogiadas en la tradición budista.

El amor y sus muchas distorsiones y circunvoluciones son esenciales para buena parte de la psicología contemporánea, en especial para la psicoterapia. El desarrollo de los niños, por ejemplo, se estudia a través del enfoque de la "teoría del apego", la cual analiza los patrones de seguridad, las conexiones de ansiedad o la evasión emocional que toman forma en la niñez como respuesta a la capacidad o incapacidad de quienes cuidan de los niños. En este sentido, amar bien significa crear un vínculo con el niño para brindarle lo que necesita en los aspectos físico y emocional. Estos patrones se reflejan en la adultez, ya que vuelven a surgir en las relaciones amorosas de la persona.

La psicología, sin embargo, no tiene mucho que decir respecto a los tipos de amor y compasión que las prácticas de Rinpoche nos ayudan a desarrollar. Esta rama de la ciencia comenzó a explorar la compasión apenas en años recientes, gracias a la aparición de la psicología positiva. En 2003, en una reunión de Mind & Life con varios científicos, el Dalai Lama desafió a Richard Davidson a que usara sus herramientas de investigación cerebral para estudiar la compasión, pero no fue sino hasta 2008 que el investigador pudo publicar un artículo científico cuyo título incluía la palabra *compasión*.[1]

El Dalai Lama llevaba muchos años instando a los psicólogos a estudiar el enfoque del amor sin apego. En la década de los ochenta, durante una conferencia con psicoterapeutas, se sorprendió al enterarse de que en Occidente había un problema similar: la gente era tan autocrítica que llegaba a odiarse a sí misma.[2] En la lengua del Dalai Lama y en las lenguas clásicas de su tradición, el sánscrito y el pali, la palabra *compasión* incluye la noción de "uno mismo". En inglés, en cambio, solo se refiere a las otras personas, por esta razón dijo que el inglés necesitaba un nuevo término: *autocompasión*. Esto fue varios años antes de que la psicóloga estadounidense Kristin Neff diera inicio a su investigación sobre la autocompasión.

Como lo expliqué en mi libro *Focus. El motor oculto de la excelencia*, la comprensión científica de lo que sustenta nuestros actos de compasión comienza con la distinción esencial entre la empatía y la compasión. De acuerdo con las investigaciones, las tres variedades de empatía se basan en sus propios circuitos cerebrales.[3]

El tipo de empatía más conocido es el *cognitivo*, es decir, en el que sé cómo ves tú el mundo. Entiendo tu perspectiva, puedo ver las cosas desde tu punto de vista, e incluso conozco el lenguaje que usas: técnicamente, conozco tus "modelos mentales". Esto me permite usar las palabras que te será más fácil comprender. La empatía cognitiva permite que la comunicación fluya sin contratiempos.

El segundo tipo de empatía es el *emocional*: sé lo que sientes porque yo lo siento también. Esta empatía activa los circuitos cerebrales en que se enfoca la neurociencia afectiva, es decir, el estudio de la manera en que el cerebro recibe las emociones de otra persona y responde a ellas. Aunque la empatía emocional puede generar un vínculo intenso, también puede producir "aflicción por empatía", lo que significa que el dolor y sufrimiento de otros nos sienta mal.

La aflicción por empatía se ha convertido en un problema muy extendido en áreas como el cuidado de la salud en las que, por ejemplo, las enfermeras y enfermeros atienden a pacientes que sufren, están enojados o desesperados, y entonces, ellos sufren también. Si la enfermera o enfermero se siente así día tras día y semana tras semana, puede llegar a sufrir fatiga emocional y *burnout*, y a dejar de trabajar en esa área. Esta pérdida de personal médico debida a la aflicción por empatía se ha convertido en uno de los principales dilemas en el ámbito del cuidado de la salud.

Para manejar su angustia al ver el sufrimiento de los pacientes, el personal médico mira en otra dirección para de plano ignorarlos o para establecer una distancia psicológica desde su interior. De acuerdo con personas indigentes, la primera estrategia, en que la gente finge no verlas, es una de las experiencias más dolorosas que hay porque las hace sentir invisibles en la calle. La segunda estrategia, el distanciamiento emocional, está demasiado generalizada en sectores como el médico, en los que el personal maneja la aflicción de los pacientes a través de una distancia psicológica en que se fomentan las bromas y la indiferencia, y que bloquea la capacidad de preocuparse por otros.

Asimismo, hay investigaciones sobre la manera en que la meditación modifica nuestra capacidad para sentir empatía. Los estudios realizados en el laboratorio de imagenología cerebral de la Universidad de Wisconsin mostraron que, cuando un grupo de personas que llevaban mucho tiempo meditando vieron fotografías de personas sufriendo muchísimo —por ejemplo, una víctima de un incendio a la que se le había quemado toda la piel—, su amígdala y los circuitos relacionados se agudizaron más que los de las personas que no meditaban. Esto parecería indicar que sus circuitos para la aflicción se habían sensibilizado y, por lo tanto, su empatía emocional era mayor.

Nuestra amígdala actúa como una especie de detector de "prominencia" y nos hace prestar atención a lo que es urgente en este momento, como cuando alguien está sufriendo demasiado. En conjunto con la amígdala, la ínsula, otra área del cerebro, envía mensajes a los órganos del cuerpo con el objetivo de prepararlos para responder ante una emergencia.

Por esta razón, en lugar de mirar en otra dirección para disminuir su incomodidad, las personas que meditaban tuvieron más disposición a ayudar. Lo que sucede aquí se hizo evidente gracias a una serie de estudios realizados en el Instituto Max Planck en Alemania, donde Matthieu Ricard, un avezado practicante de la meditación, permitió que escanearan su cerebro mientras miraba fotografías de personas en un profundo estado de aflicción, como la víctima de un incendio mencionada anteriormente.

Cuando le pidieron a Ricard que empatizara con las personas acongojadas que veía, se encendió su circuito para el dolor. En cambio, cuando le dijeron que las mirara con compasión, es decir, que tuviera sentimientos amorosos respecto a su sufrimiento, su cerebro activó los circuitos de las emociones positivas y del sentimiento de estar cerca de otras personas.

La habilidad de estar presente en el sufrimiento de alguien más parece ser uno de los beneficios duraderos de esta práctica. Siete años después de que los voluntarios participaron en un retiro de tres meses, en lugar de voltear en otra dirección, los que inmediatamente después del retiro vieron fotografías de personas sufriendo tuvieron más capacidad para ser testigos del dolor.

Los investigadores del instituto continuaron sobre esta pista. Reclutaron voluntarios para cultivar la compasión en respuesta al sufrimiento de otras personas, y a otro grupo para que solo empatizara con ellas. Estos grupos entrenados tuvieron patrones cerebrales similares: la empatía emocional aumentó los sentimientos de desolación que experimentaron cuando enfrentaron el sufrimiento, en tanto que la compasión los hizo disminuir.[4]

El poder de la compasión yace en la tercera variedad de empatía que, técnicamente, se llama *preocupación empática*. Este tipo de empatía enciende un circuito neuronal muy distinto a los demás, el circuito cerebral enfocado en la preocupación y el cariño por otras personas, el cual también está presente en otros mamíferos: me refiero al amor de los padres por un hijo. Este es el circuito que se activa cuando sentimos amor por cualquier persona, ya sea una pareja, un miembro de la familia o un amigo.

Piensa en un padre o madre que tiene que lidiar con un niño pequeño que está haciendo una rabieta. En lugar de enojarse en respuesta al enojo de su hijo, los padres amorosos pueden estar presentes en la angustia y, al mismo tiempo, establecer límites con firmeza sin dejar de ser cariñosos. Todo parece indicar que es posible entrenarse para mostrar esta combinación de presencia y cuidado: basta con realizar una práctica que cultive la compasión. Cabe mencionar que estos circuitos se fortalecen incluso con un entrenamiento breve y episódico de la compasión.

Una elevada capacidad de respuesta al sufrimiento de otros, aunada al cariño y la preocupación, también es característica de un grupo peculiar de gente: quienes donan un riñón para salvar la vida de un desconocido. Los escaneos cerebrales revelan que estas personas, paradigmas de la compasión, suelen tener en la amígdala una zona agrandada que las hace más sensibles que la demás gente al sufrimiento de otros. Incluso parece que su empatía es lo que las lleva a realizar actos altruistas sobresalientes.

Cultivar la compasión tiene recompensas positivas que van más allá del fortalecimiento de la empatía. El laboratorio Davidson, en la Universidad de Wisconsin, dividió a los participantes al azar en dos grupos, uno que reflexionó sobre la causa de sus dificultades emocionales, y otro que practicó un ejercicio de compasión. Después del experimento, el grupo que practicó la compasión mostró ser dos veces más generoso en el examen para medir esta cualidad.[5]

Con solo dos horas y media de práctica de la compasión en línea se pueden obtener beneficios similares. Al compararlo con un grupo de voluntarios que pasó la misma cantidad de tiempo realizando rutinas de estiramiento, las personas del grupo que cultivó la compasión mostraron mayor disposición a donar dinero a una organización de caridad.[6]

Estos beneficios parecen ser inherentes a la práctica de la compasión, independientemente de la forma en que se realice, ya que no se han encontrado en otros tipos de meditación. Si alguien, por ejemplo, lleva a cabo una meditación que agudice la metaconciencia de sus pensamientos y sentimientos, se fortalecerá el circuito para ese tipo de atención, pero no el altruismo. En resumen, si quieres ser una persona más bondadosa y atenta con los otros, practica la compasión.

Sentir compasión, además, produce un resultado adicional que no nos esperábamos: activa el circuito de la felicidad en nuestro cerebro y, por lo tanto, le imbuye una sensación de alegría a la persona que experimenta la compasión. El Dalai Lama suele decir:

"La primera persona que se beneficia de la compasión es la que la siente".

Al parecer, incluso algunos episodios breves de compasión estimulan el sentimiento de conexión con otras personas y, en el caso de quienes han practicado métodos de compasión por muchos años, es posible ver el despliegue del inicio de los cambios neuronales en su cerebro. Todo indica que tenemos una "disposición biológica" a la bondad, muy parecida a la facilidad que tienen los niños para aprender otros idiomas o lenguas. Entre más horas realice alguna práctica para cultivar la compasión, más generosa y bondadosa será una persona.[7]

En muchos países asiáticos se venera a Kuan Yin, diosa de la compasión, cuyo equivalente en el Tíbet sería Noble Tara. Su nombre se traduce como "la que escucha el llanto del mundo para ir a ayudar".

SIETE

CALMA Y CLARIDAD

TSOKNYI RINPOCHE: LA EXPLICACIÓN

Hace muchos años, Danny me invitó a cenar temprano y ligero en un hotel elegante de San Francisco. Yo acababa de llegar de la India. Cuando entré al hotel, nadie me trató como extranjero. De donde yo vengo, en cambio, la gente te mira de la cabeza a los pies, incluso los meseros. Es una sensación que puede ser muy incómoda durante varios minutos. En mi país, todos lo hacen porque mirar a la gente de manera directa no es nada raro. Luego, cuando te sientas, se acerca el mesero, toma tu orden y se va. Y ahí, irse significa *irse de verdad*. Después de escribir lo que deseas, el mesero se va por ahí a atender sus asuntos, nadie viene a ver cómo vas. Si necesitas algo, tienes que gritar o ir a buscar a alguien.

En San Francisco no me hicieron muchas preguntas, fueron amables y se comportaron con calma. Nadie se me quedó viendo ni me observó fijamente. Estaba a punto de sentarme cuando un individuo atrás de mí movió la silla para que me sentara. Yo seguía mirando alrededor porque todo me resultaba nuevo. No vi a ningún mesero cerca, no había nadie por ahí, pero en cuanto giré la cabeza, alguien se acercó de inmediato: "¿Necesita algo, señor?". El personal no estaba frente a nosotros, sin embargo, varios de ellos nos observaban desde lejos y estaban al tanto de nuestra presencia. Esta fue la segunda sorpresa que recibí.

Tenía curiosidad, quería ver cómo traerían los alimentos porque, en la India, es un proceso bastante desprolijo. Los meseros chocan con frecuencia entre ellos. *¿Cómo nos servirán la comida?*, pensé. Entonces se acercaron tres cargando los platos con elegancia. Nadie chocó, solo colocaron los platillos en el lugar correcto. Todo el tiempo estuvieron conscientes de la presencia de los otros. Prestaban tanta atención que pensé: *¡Vaya! Ya sabía algo respecto a la práctica de la atención consciente, pero aquí es donde en realidad sucede.*

Los meseros estaban conscientes de todo a nivel panorámico, y su atención siempre tuvo un propósito, en una escala reducida y amplia a la vez. El aspecto "reducido" les permitía colocar la sopa en el lugar preciso sobre la mesa, en tanto que el aspecto "amplio" era lo que hacía que estuvieran conscientes de quién estaba detrás de ellos. Si nada más hubieran estado conscientes del aspecto reducido, habrían colocado la sopa justo donde debían, pero habrían perdido la noción de lo que sucedía detrás. Si solo hubieran estado conscientes del amplio, habrían percibido lo que pasaba en toda la zona, pero se habrían equivocado al dejar las cosas sobre la mesa. Estos meseros estaban conscientes de todo.

Esta es una práctica que podemos aprovechar para obtener beneficios, que nos puede ayudar a resolver muchos problemas. A veces chocamos con los objetos, pero es más común que choquemos con las situaciones y con otras personas. La atención consciente nos ayuda todos los días a lidiar con las dificultades que nos provoca el hecho de no estar atentos a lo que sucede a nuestro alrededor.

Hemos hablado a profundidad del cuerpo y del mundo sensible. Analizamos cómo dejar caer o descender la conciencia y relajarnos en el cuerpo, hablamos de estrés y energía, de estrechar la mano con nuestros sentimientos y emociones, y de cómo conectarnos con el amor esencial intrínseco, con nuestro bienestar elemental. Ha llegado el momento de hablar sobre la mente que, por supuesto, es el foco central de la meditación.

Por lo general, la mente es el tema que se aborda primero, pero a mí me gusta comenzar por el cuerpo e ir avanzando hacia el mundo sensible y luego a la mente. Me parece que, de este modo, corremos menos riesgo de saltarnos o rodear el mundo sensible y las emociones. Mi amigo John Welwood era terapeuta y enseñaba la *circunvalación espiritual*, es decir, métodos como la meditación para evitar las dolorosas realidades emocionales. Circunvalar o rodear el dolor puede provocar todo tipo de dificultades espirituales, emocionales y sociales. Y, para colmo, no funciona. Por todo esto, los primeros capítulos de este libro fueron diseñados para ayudarte a conectarte con tu cuerpo y con el mundo sensible de una manera honesta, con los pies bien puestos en la tierra. Ahora tendremos que lidiar también con nuestra mente.

Para esto, primero tendremos que entender un poco cómo funciona. En la tradición budista se describe a la mente de muchas maneras. De hecho, se han escrito miles de páginas con descripciones y categorías; algunas son profundas y precisas y, por lo mismo, las menciono cuando enseño. Sin embargo, no creo que necesitemos todo ese conocimiento para trabajar con la mente, podemos comenzar con un modelo práctico.

Las cuatro expresiones de la mente

Aunque hay muchos modelos de la mente, me parece que lo más útil es limitarse a uno sencillo basado en ideas tradicionales porque, a veces, trabajar con demasiados conceptos intelectuales puede resultar engorroso.

En esencia, la mente se expresa de cuatro maneras distintas: *conocimiento, pensamiento, conciencia y claridad*. El *conocimiento*, o lo que se sabe, es automático. Una vez que aprendemos algo, lo sabemos. Una flor roja, por ejemplo, es ambas cosas: flor y roja. Por lo general, no necesitamos volver a aprender y analizar el mundo, nuestro conocimiento sucede de forma constante, inconsciente y por sí mismo. Incluso cuando estamos enfocados en otra tarea, si un avión vuela sobre nosotros, sabemos que es un avión porque el sonido que emite está relacionado con la etiqueta que ya aprendimos.

Pensar es un proceso muy directo. Todos sabemos lo que es, somos expertos en el asunto porque, todos los días, por nuestra mente pasan millones de pensamientos de ida y vuelta. Sin embargo, cabe destacar que hay una diferencia entre pensar de forma deliberada en algo, y el proceso en que los pensamientos surgen por cuenta propia. A veces nos involucramos de manera activa en el pensamiento deliberado, o sea, *pensamos en algo*. En otras ocasiones, los pensamientos solo surgen en la mente. En la tradición budista, cuando los pensamientos aparecen los consideramos como un objeto sensorial, como un sonido o un olor.

En la *conciencia*, las cosas se vuelven más sutiles. La atención proviene de ahí. La atención consciente implica un ligero esfuerzo que nos permite percatarnos de lo demás. A veces, a este proceso le llamo *conocimiento doble* porque "sabemos que sabemos" algo. Conocemos la flor, pero también podemos estar conscientes de que la conocemos. La atención es casi lo mismo que la conciencia, pero la conciencia también tiene el potencial de ser íntima o panorámica. Todos podemos estar conscientes, pero no siempre manifestar su potencial. A través de un esfuerzo deliberado, la atención se fusiona con la conciencia. En este capítulo usaré estos dos términos de forma intercambiable porque son muy similares.

La *claridad* es una cualidad única de nuestra mente que la diferencia de otros fenómenos. La claridad es como la sustancia básica, es el material en bruto con el que se produce el conocimiento, el pensamiento y la conciencia. Aquí, claridad no significa lo que solemos pensar cuando decimos, por ejemplo, *ella tiene mucha claridad* o *su pensamiento es claro de verdad*. Es, más bien, algo esencial, como la sensación de despertar: *el telón de fondo de la mente*.

Si miramos con atención la materia prima de la mente, veremos que no es ni oscura ni opaca, sino más bien luminosa. Debido a esta claridad, a veces podemos percibir oscuridad y somnolencia. Si no estuviera ahí, no podríamos sentir adormecimiento porque el adormecimiento es la atenuación de la claridad misma. En la tradición budista, el carácter único de la claridad es lo que define a la mente. Excepto por lo que ahí sucede, ningún otro fenómeno manifiesta esta cualidad elemental y luminosa.

Conciencia de la conciencia

La principal herramienta de práctica es la conciencia mental. La conciencia tiene dos facetas, cuando uno está *consciente de lo otro* y cuando se está *consciente de sí mismo*. Estar *consciente de lo otro* significa estar consciente de lo tangible, como los objetos, o de lo intangible, como los pensamientos y los estados mentales. Estar *consciente de sí mismo* significa conocer sus propias cualidades. En mi opinión, el propósito de la práctica de la atención consciente es estar *consciente de la conciencia*.

De lo contrario, podríamos tener la capacidad de estar conscientes, pero no estar conscientes de ello. Digamos, por ejemplo, que usamos lentes para leer, pero si olvidamos ponérnoslos, no nos servirán de nada. Si no estamos conscientes de nuestra conciencia, no nos servirá. Sin atención consciente, la conciencia no se vuelve parte de nuestro camino porque, aunque está ahí, no la usamos. La atención consciente nos permite aprovechar la conciencia intrínseca.

La atención consciente es relevante, pero ¿qué es y cómo podemos cultivarla? La atención consciente se enseña en todas las tradiciones del universo budista. Hay muchas descripciones y definiciones. En la tradición de la que provengo, a la atención consciente la describimos como *recordar, notar* o *llevar la atención a algo muchas veces*. De cierta forma, es bastante sencillo. Un carpintero presta atención a la madera y el serrucho. Cuando prepara un platillo, el cocinero presta atención a la temperatura, el sabor, la textura y el tiempo, entre otras cosas. Los humanos usamos la atención consciente de manera ininterrumpida mientras desarrollamos nuestras distintas tareas. ¿Pero qué pasa cuando no estamos haciendo ninguna tarea?

Dicho de otra forma, ¿cómo se manifiesta la atención consciente por sí sola? ¿Y cómo podemos practicarla? Solemos hablar de sus cuatro bases: *conciencia del cuerpo, de las sensaciones, la mente* y de *las formaciones mentales*, como los pensamientos y las imágenes. Estas son las áreas en que podemos establecer la atención consciente, y su práctica implica entrenar a la mente para que preste atención de un modo sencillo y sin distraerse. Podemos empezar con cualquier cosa, como el movimiento de nuestras piernas al caminar, y, a partir de ahí, podemos ir aumentando la complejidad hasta incluir todo lo que vivimos. Para decirlo de manera simple, la atención consciente nos permite estar cada vez más presentes, más conscientes de lo que sucede en nosotros y a nuestro alrededor. Este nuevo hábito remplaza de forma gradual a la antigua costumbre de estar distraídos o extraviados en el espacio, de perdernos en pensamientos sobre el pasado y el futuro.

Los pensamientos y las emociones pueden representar un desafío, pero la atención consciente nos ayuda a crear un espacio en su interior y alrededor. Si sabes que estás enojado, entonces prestarás atención consciente a tu enojo. Mi hermano Mingyur Rinpoche nos da un ejemplo: si puedes ver el río es porque no te estás ahogando en él. Dicho de otra forma, si estás consciente de que estás distraído, ya no estás distraído. Con el tiempo podemos llegar a estar conscientes de la conciencia, y, a partir de ese momento, la atención consciente y la conciencia se vuelven inseparables. La atención consciente es conciencia y la conciencia es atención consciente: la práctica se lleva a cabo casi en piloto automático. De vez en cuando, tal vez necesitemos encender la atención consciente, y en ese momento, la conciencia se hará cargo. A partir de ese punto ya no necesitaremos aferrarnos a la atención consciente porque la conciencia estará haciendo su trabajo.

De manera general, la atención consciente suele ser estrecha, limitarse al enfoque y centrarse en un objeto, el cual puede incluso ser un pensamiento. Sin embargo, cuando alcanzamos la conciencia del modo anteriormente descrito, nos relajamos muchísimo más y nuestra mente se torna más panorámica e inclusiva. Pero siempre necesitamos empezar a partir de la atención consciente. A medida que nos movemos hacia la conciencia, la atención consciente va perdiendo lo estrecho de su enfoque y se centra menos en un objetivo preciso. Este proceso culmina cuando comenzamos a experimentar con mayor frecuencia la apertura lúcida ilimitada. El entrenamiento empieza de manera reducida, pero luego se disuelve y se amplía. Aún quedan elementos de la estrechez, como la precisión; sin embargo, para ese momento ya están mezclados con la amplitud. Al enseñar en Occidente, he notado que cuando la gente alcanza esta amplitud puede llegar a pensar que perdió la atención consciente, y por eso sale de lo amplio y vuelve a lo reducido. Por esta razón, necesitamos saber que *más allá de estar conscientes…* está la conciencia.

El pastor, las ovejas y la soga

En la tradición budista de donde provengo, muchas de las personas que meditan forman parte de culturas nómadas del Tíbet, una zona en la que hay incontables pastores y vaqueros de las mesetas elevadas. Por esta razón, las metáforas que evocan al ganado les agradan bastante. Esta práctica de la atención consciente se describe con un ejemplo anticuado: antes se ataba a las ovejas a un poste con una soga y el pastor las cuidaba. Las ovejas son nuestra mente, la soga es la atención consciente y el pastor es la conciencia. Al igual que ellas, nuestra mente a veces está tranquila, pero también puede inquietarse y empezar a vagar. La soga es una manera directa de mantener a las ovejas atadas a un punto fijo, y la atención consciente que se basa en la respiración y las sensaciones, entre otras cosas, es como una soga que ata nuestra mente a un punto de apoyo y pone un límite a cuán lejos puede llegar. La perspectiva del pastor es más panorámica porque vigila toda la situación, pero no se enfoca en los pasos precisos de cada oveja. La conciencia es panorámica, rastrea el panorama completo de forma abierta y relajada.

El siguiente paso después de crear el hábito de la conciencia consciente radica en *establecerse y enfocarse*. A esto a veces se le llama *continuación de la calma* o *permanencia en la tranquilidad sin distracciones*. Este paso, conocido como *shamata* en sánscrito, y *shiney* en tibetano, es una práctica reconocida y popular en todas las tradiciones budistas. Hay dos métodos esenciales: *establecimiento con un objeto* y *establecimiento sin objeto*. El objetivo de ambos es llegar a sentir *sosiego*, *claridad*, *enfoque* y *flexibilidad*. Su práctica aprovecha la atención consciente para llevar la atención de vuelta al objeto que, por ejemplo, puede ser tu respiración. Luego la mente se establece con más intención cada vez. Esta práctica requiere tiempo y paciencia porque no estamos acostumbrados a esta manera relajada de enfocarnos.

Tomando en cuenta las prácticas basadas en el cuerpo y los sentimientos que hemos estudiado hasta este capítulo, podría decirse que hemos trabajado de modo abierto y con una actitud acogedora frente a cualquier cosa que suceda. En el caso de *shamata*, aprendemos a decir "sí" y "no" a distintos aspectos de nuestra experiencia. Estamos estableciendo una *visión*, una perspectiva que vamos a mantener. De cierta forma, le estamos diciendo "no" a la distracción, y "sí" al acto de enfocarnos y al asentamiento y la calma. Estamos eligiendo de manera repetida el objeto que desde el principio privilegiamos sobre todos en los que habría podido concentrarse la mente.

El momento es ahora

Establecerse o asentarse sin un objeto es un proceso más sutil. Como no contamos con nada que nos sirva como ancla, nos vamos a asentar en la noción del presente y a permitir que pase lo que sea que esté sucediendo. Al mismo tiempo, nos mantendremos conscientes y sin distracciones en este instante preciso.

La *visión* o *perspectiva* que vamos a cultivar aquí es la de un *momento presente claro y libre de pensamientos*. Es *claro* porque vamos a reconocer y sustentar la nitidez elemental de la mente. Es *libre de pensamientos* porque esta práctica no es un acto deliberado para evaluar y pensar de forma activa en algo. Cabe mencionar que *libre de pensamientos* no significa que no surgirán pensamientos en absoluto, sino que *la práctica en sí misma no es un acto de pensamiento*.

Está permitido que los pensamientos surjan y se aquieten de manera natural, como los sonidos, las nubes en el cielo o las burbujas en la superficie del agua. Sin embargo, la perspectiva que mantendremos no es la del pensamiento discursivo, es solo la conciencia clara y libre de pensamientos del momento presente. Los pensamientos pueden surgir y disolverse como parte de la conciencia del instante que vivimos. Asimismo, podemos mantener esta perspectiva con o sin un objeto de enfoque.

Recuerda que es normal que, al comenzar a trabajar así con la mente, nos distraigamos de manera constante. No necesitamos ponernos dramáticos si llegamos a distraernos, basta con que llevemos con calma la mente de vuelta al objeto. No necesitamos juzgarnos; tampoco necesitamos terminar ninguno de estos pensamientos. De hecho, en cuanto notamos que estamos distraídos, ya estamos prestando atención otra vez, así que no será difícil traer a la mente de vuelta. No necesitamos creer los pensamientos: *Soy malo para meditar. Tal vez otras personas sí pueden hacer esto, yo no*. Es normal pensar así, pero no es cierto. Si de pronto surge en ti una voz crítica y sentimientos de fracaso, o el deseo de darte por vencido, trata de estrechar la mano con ellos. Puedes alternar el apretón de manos y la práctica para asentarte, no hay problema. Tal vez tengamos que hacer que la mente vuelva a enfocarse cientos de miles de veces, pero está bien porque estamos formando un nuevo hábito y eso exige diligencia, paciencia y repetición.

Al principio, tal vez solo podremos permanecer uno o dos segundos con el objeto, es normal. Poco a poco se irá acrecentando nuestra capacidad de no distraernos y, en algún momento, nos acercaremos al *enfoque en un solo punto*, también conocido como *unificación*. Este entrenamiento tiene muchos efectos benéficos como el sosiego y el enfoque, pero también la *flexibilidad*. Con *flexibilidad* me refiero a que la mente deja de estar sometida a la influencia de los pensamientos, sensaciones y percepciones que solo ocurren, y encuentra su independencia y estabilidad. Como ya no la dominan otros factores, si deseamos enfocarla en algo, podemos hacerlo. Si deseamos cambiar a otro objeto y permanecer ahí, también podemos hacerlo. Nuestra bravía mente ha sido domada.

Impedimentos

Los principales impedimentos para asentar y enfocarnos son la *agitación* y la *apatía*. La agitación es el estado en que la mente se encuentra muy vigorizada. Se siente tumultuosa y llena de energía, deambula por todo el lugar. Está repleta de pensamientos que van del pasado al futuro, y nosotros sentimos ganas de salir disparados del asiento y hacer mil cosas. Este estado es muy común porque muchos tenemos vidas aceleradas y repletas de estímulos.

La mente ha normalizado esta sensación y, por eso, cuando nos sentamos a observar nuestra respiración y relajarnos, nos cuesta trabajo apaciguarla.

El impedimento contrario es la *insulsez*, es decir, el estado en que la mente tiene poca energía. Se siente adormilada y perezosa, como si la cubriera una gruesa capa de neblina. Nos quedamos viendo la televisión porque queremos adormecernos. La insulsez también es muy común. Después de haber estado estimulados y estresados, nos sentamos y tratamos de asentarnos en el cuerpo y enfocarnos, pero en la mente hay un residuo de cansancio que se manifiesta con la insulsez y la somnolencia.

Las etapas de la experiencia que se deben atravesar en este entrenamiento las describimos con la metáfora de una corriente de agua que cae como cascada desde las montañas hasta confluir en un lago. Primero vemos la cascada en la montaña, luego la vertiginosa corriente de agua, después un río que serpentea con suavidad y, por último, un plácido lago. Estas etapas reflejan la manera en que nuestra mente vive el flujo del pensamiento a lo largo del entrenamiento. Cuando empezamos a practicar la atención consciente en los pensamientos, nos da la impresión de que el barullo de la mente empeora. Parece un ataque violento y constante de pensamientos. A este momento le llamamos *experiencia de la catarata*. Podríamos pensar: *Antes de comenzar a meditar, mi mente no se comportaba de esta forma tan salvaje y tumultuosa. Al menos, ¡no me parece que se haya comportado así nunca! ¿*Qué sucede? En realidad, no es que la situación haya empeorado, es solo que estamos más conscientes de lo que ya sucedía. La experiencia de la catarata es una buena señal porque significa que estamos empezando a trabajar como se debe.

Después de un rato, la intensidad de los pensamientos comienza a disminuir un poco, siguen moviéndose a gran velocidad, pero ya no son tan abrumadores. A veces, en ese momento podemos empezar a sentir un poco de espacio. A esto se le llama *experiencia del arroyo precipitado*. Si continuamos trabajando, se apaciguará, disminuirá la marcha y, en algún momento, sentiremos más espacio entre nuestros pensamientos. A este estado le llamamos *experiencia del río serpenteante*. La mente se encuentra bastante tranquila y, si seguimos practicando, en algún momento los pensamientos desacelerarán bastante y tendremos experiencias sostenibles de sosiego, es decir, una noción del momento presente, clara y libre de pensamientos. Se le conoce como *experiencia del lago plácido* y es el principio del *enfoque en un solo punto* o *unificación*. Aunque no toda la gente ha tenido esta experiencia, cualquiera que entrene su mente con diligencia y tenacidad puede llegar a este nivel de asentamiento.

Algunos consejos prácticos

En esencia, estamos formándonos el hábito de permanecer calmados y en claridad. Otra manera de expresarlo es decir que estamos aprendiendo a estar *relajados y alerta* al mismo tiempo. En general, cuando empezamos a relajarnos, solemos caer en la insulsez, como cuando nos recostamos en un sofá con el control de la televisión o cuando estamos tirados en una playa y nos vamos quedando dormidos. Cuando estamos alerta, solemos sentirnos un poco nerviosos, agitados o ansiosos. Es raro que estemos relajados y alerta al mismo tiempo, tal vez ni siquiera sepamos que es posible.

Por todo esto, necesitaremos paciencia para formar este nuevo hábito. Uno de los puntos clave del entrenamiento es: *momentos breves, muchas veces*. La experiencia de estar tranquilos y percibir con claridad, de sentirnos relajados y alerta al mismo tiempo, suele durar muy poco. Sin embargo: *necesitamos calidad, no solo cantidad*. Mucha gente imagina que una "persona que medita bien" se siente en perfecta paz durante periodos prolongados, pero, en realidad, el entrenamiento es muy diferente. Cuando tratamos de meditar por periodos largos, caemos en la distracción y la insulsez muy rápido. Es mucho más eficaz practicar por periodos breves de mayor calidad, con una conciencia consciente y fresca. En un periodo de veinte o treinta minutos, por ejemplo, es más eficaz hacer varias sesiones de unos tres o cinco minutos, y tomar descansos de un minuto entre ellas. Con el paso del tiempo, nuestra capacidad de seguir sintiéndonos frescos aumentará de manera gradual y orgánica. Esto sucederá gracias a la repetición y a la formación del hábito, no a la fuerza de voluntad.

Otro aspecto importante es que debemos mantenernos en equilibrio: *ni muy tensos, ni muy relajados*. Si estamos muy tensos, perdemos la calma y la relajación. Si nos permitimos demasiada libertad, podemos empezar a vagar y caer en la distracción. Es como afinar una guitarra. Para obtener el mejor sonido debemos afinar las cuerdas en la frecuencia precisa, y no dejarlas ni muy apretadas ni demasiado flojas. Este punto preciso lo iremos sintiendo poco a poco con el paso del tiempo. Para encontrar el equilibrio natural, necesitaremos hacer ajustes a la práctica muchas veces.

Cuando sustentamos la conciencia consciente, es de esperarse que de vez en cuando haya agitación e insulsez. No se debe a una falla personal, les sucede a casi todas las personas que meditan. Si surge la agitación, puedes probar algunos remedios y ver cuál te funciona. Puedes, por ejemplo, relajar tu cuerpo y bajar la mirada. Si hay luz en la habitación, trata de atenuarla o cierra las cortinas o persianas. Puedes tratar de envolver tus piernas o todo tu cuerpo con un chal o una cobija. También puedes darte un descanso, estirarte con suavidad, inclinarte hacia el frente y reiniciar la práctica.

Si sientes insulsez, puedes sentarte un poco más erguido, abrir los ojos y levantar la mirada. También puedes quitarte capas de ropa, abrir una ventana para permitir que entre a la habitación aire fresco, y encender las luces si es posible. Asimismo, puedes tomar un descanso breve, ponerte de pie, sacudir tu cuerpo, caminar unos minutos, y luego tratar de meditar de nuevo.

La práctica: entrenamiento de la atención consciente

Atención consciente del cuerpo

Colócate en una postura cómoda, en el suelo, una silla o recostado, y mantén la columna vertebral derecha, pero deja tu cuerpo distendido y relajado. Empieza por apaciguar la mente y solo estar presente algunos momentos. Practica la caída de la conciencia hacia el cuerpo y quédate ahí unos minutos. Percibe el asentamiento, el anclaje del cuerpo, su solidez. Cuando percibas en tu cuerpo cierto grado de enraizamiento sosegado, deja que la conciencia note la claridad natural de la mente. Trata de permanecer anclado en el cuerpo mientras continúas consciente de la claridad. Puedes tener los ojos abiertos o cerrados. Trata de notar que estás tranquilo, que tienes claridad, que te sientes relajado pero alerta al mismo tiempo. Cada vez que notes que tu mente se distrae y empieza a vagar, permite que la atención consciente vuelva poco a poco al asentamiento del cuerpo. Asimismo, si sientes que la calma es demasiado insulsa, o si tu claridad está demasiado agitada, ajusta la atención consciente. Aplica el principio de *momentos breves, muchas veces*.

Atención consciente de sensaciones y sentimientos

Empieza igual que en el ejercicio anterior, dejando caer la conciencia al cuerpo y relajándote un momento. Permite que la conciencia consciente abarque el mundo de las sensaciones y los sentimientos. Esto puede incluir las sensaciones físicas de calor, frescura u otras, así como la sensación de rigidez, holgura, entusiasmo, etcétera. No estás buscando sensaciones y sentimientos específicos, solo trata de prestar atención y estar consciente de lo que sea que esté sucediendo. Mientras continúas relajándote y asentándote en las sensaciones y los sentimientos, nota la claridad natural que te permite experimentar el mundo sensible. Deja que la atención consciente esté relajada y alerta al mismo tiempo. Cuando la mente vague y se distraiga, usa la atención consciente de las sensaciones y los sentimientos para traerla de vuelta con dulzura. Vuelve a aplicar el principio de *momentos breves, muchas veces*.

Atención consciente de pensamientos y emociones

Una vez más, comienza dejando caer el cuerpo y relajándote un poco. Ahora permite que la conciencia consciente note la manera en que surgen y se disuelven los pensamientos y las emociones. Por lo general, tratarán de llevarnos hacia toda una serie de pensamientos y reacciones secundarios. Trata de mantenerte fresco y presente con los pensamientos a medida que surjan, no te involucres con ellos. Observar pensamientos y emociones sin dejar que nos succionen es cuestión de establecer un equilibrio delicado. Vienen y se van, y nosotros estamos conscientes de ellos, pero no reaccionamos. Cada vez que la mente se distraiga, usa la atención consciente para traerla de vuelta con amabilidad. Trata de ser simple, mantente consciente de los pensamientos y las emociones en el momento presente, pero solo por periodos breves. Si llegaran a surgir críticas o reacciones fuertes, y si fueran muy "pegajosas" y empezaran a interferir, estrecha manos por un rato.

Lleva a cabo el apretón de manos recibiendo las reacciones o los juicios con una conciencia abierta y tolerante, sin resistir, reprimir, ignorar o mostrar indulgencia. Permanece con las emociones y las reacciones un rato, pero sin un objetivo específico. Alternar la práctica del apretón de manos con la de la atención consciente puede ser muy útil.

A medida que nuestra conciencia consciente se fortalece, en lugar de ser obstáculos, los pensamientos y las emociones pueden ayudarnos en nuestra práctica. Al principio solemos pensar que una meditación "exitosa" implica pasar un momento tranquilo sin pensamientos ni emociones perturbadores. Con el paso del tiempo, sin embargo, nos damos cuenta de que esta noción de la "paz" es limitada y entendemos que los pensamientos y las emociones son como nubes que se mueven en el cielo de la conciencia. Comprendemos que resistirnos a ellos es lo que perturba a la mente. En esa misma conciencia con apariencia de cielo podemos encontrar una paz más profunda, a la que le resulta indiferente que surjan las emociones y los pensamientos.

Asentamiento y enfoque

Empieza dejando caer la conciencia al cuerpo y relajándote un poco. Permite que la conciencia consciente se establezca y se enfoque en la respiración. Comienza con una respiración larga y profunda, inhala y exhala con lentitud, pero solo trata de aclarar las vías respiratorias. Sigue al aliento todo el camino, desde que entra al cuerpo a través de las fosas nasales. Síguelo en su paso por la garganta y los pulmones. Percibe las sensaciones que te provoca al pasar por ahí. Nota cómo se siente tu cuerpo cuando la respiración está completamente fuera. Permite que la conciencia consciente se relaje mientras sigue al aliento y lo ve entrar y salir del cuerpo. Trata de permanecer en equilibrio, ni muy tenso, ni muy relajado. Deja que tu atención consciente siga a tu respiración mientras la conciencia nota a la mente misma al asentarse en un estado de calma y claridad, mientras permanece relajada y alerta. Usa el principio de *momentos breves, muchas veces*.

Asentarse sin apoyo

Empieza de la misma manera que antes, dejando que la conciencia descienda al cuerpo y relajándote un poco. Conéctate con la sensación de calma y sosiego de la conciencia. Ahora abre poco a poco los ojos y nota la claridad natural de la mente. Permite que tu mirada sea suave y abierta, no te quedes observando ningún objeto en el campo visual, no te enfoques. Así, sin enfocarte en ningún objeto, trata de asentarte en el *ahora*, en el momento presente. Ahí verás ir y venir varias sensaciones, pensamientos y percepciones, solo cobra conciencia de su ir y venir, pero no te involucres ni reacciones. Permite que estas impresiones cambiantes sean como nubes que se desplazan en el cielo. Trata de establecer la vista de un momento presente claro y libre de pensamientos. Al principio solo durará unos instantes en cada ocasión, y luego tu mente se distraerá. Cuando notes la distracción, solo llévala de vuelta al ahora, hazlo con amabilidad. En esta práctica, la frescura es de vital importancia, así que trata de recibir los momentos breves con los brazos abiertos y en repetidas ocasiones. Sé simple, mantente sosegado y en claridad, relajado y alerta; presente en el momento. Nota que la conciencia es panorámica, nota la apertura relajada, clara y asentada de forma natural.

DANIEL GOLEMAN: LA CIENCIA

He meditado muchos años y durante bastante tiempo creí que los pensamientos interrumpirían la meditación cada vez menos, pero no: siguieron surgiendo en mi mente.

Ahí estaban, en cada ocasión. *Tal vez no soy bueno para esto*, pensaba. Y cuando llegaba al momento de la atención consciente, de pronto escuchaba algo como: *¡Dong! ¡Otro pensamiento!*

Entonces empecé a estudiar la meditación en el contexto de la tradición que practica Tsoknyi Rinpoche, y recordé que lo importante no eran los pensamientos, sino nuestra *relación* con ellos. Mientras estamos conscientes podemos permitir que los pensamientos pasen sin que nos arrastren.

Una de las cosas que más me ayudó a cambiar mi forma de lidiar con ellos fue lo que en una ocasión me dijo Tsoknyi Rinpoche: "¡No dejes que tu atención consciente baje la guardia!".

Este consejo es, en realidad, un verso de un poema espontáneo pensado por el primero que se llamó Tsoknyi Rinpoche, es decir, el fundador de este linaje; y al escucharlo me di cuenta de que lo había aplicado hasta ese momento, y desde el principio de mi práctica de la meditación, hace muchas décadas.

Cuando estaba en la universidad y empecé a meditar, usaba un mantra para enfocarme durante la práctica. Mi mente siempre comenzaba a vagar y se dejaba llevar por una u otra serie de ideas, pero en algún momento yo lo notaba y me enfocaba de nuevo en el mantra. Cada vez que me daba cuenta de que la mente ya estaba en otro lugar, era un instante de atención consciente que también funcionaba como una especie de recordatorio, como una ayuda para mantener el enfoque bien dirigido al mantra.

Tiempo después, cuando aprendí la meditación estilo Theravada, noté que la atención consciente formaba parte de la práctica de manera explícita. Seguía observando mi respiración igual que antes, cuando me enfocaba en el mantra, y, luego, cuando la mente vagaba y yo lo notaba, llevaba la atención de vuelta a la respiración. Al principio, esa era la instrucción principal y, repito, era un momento de atención consciente.

Más adelante, la instrucción que recibí a través de la reflexión fue que permitiera que todos los pensamientos y sentimientos fueran y vinieran sin que me arrastraran. En ese momento, la atención consciente estaba de guardia para notar las ocasiones en que mi mente se dejaba llevar por algún flujo de pensamiento.

Luego, en una etapa más tardía, me enfoqué en la práctica al estilo tibetano. Al principio practiqué con Tulku Urgyen Rinpoche, el padre de Tsoknyi; luego, cuando falleció, estudié con sus hijos Chokyi Nyima, Chokling, Mingyur y, por supuesto, con Tsoknyi: todos ellos Rinpoche. En esta práctica, la atención consciente se transforma en algo un poco distinto: en lugar de realizar un esfuerzo adicional por estar consciente, esta visión proviene de la capacidad de permanecer en la conciencia misma.

Los hallazgos respecto a estas prácticas de la meditación continúan siendo bastante sólidos a pesar de que, en los años setenta, cuando empecé a investigar sobre cómo la meditación nos ayudaba a recuperarnos del estrés, no tenían suficiente peso. En la actualidad se publican más de mil artículos al año sobre la meditación en general y la atención consciente en particular, todos ellos revisados por otros científicos. Hace poco, en conjunto con el neurocientífico Richard Davidson, mi antiguo amigo de la Universidad de Wisconsin, escribí un libro con un resumen de lo mejor de estas investigaciones.[1]

Descubrimos que, al parecer, la atención consciente de la respiración es el método que más analizan los investigadores. Varios estudios sólidos han permitido establecer la larga lista de beneficios de este sencillo método, el cual implica sintonizarse con el flujo natural de tus inhalaciones y exhalaciones sin hacer nada más que observar sus sensaciones, sin tratar de controlar la respiración de ninguna manera.

Los hallazgos más sólidos aparecieron en estudios científicos realizados de distintas formas en varias ocasiones, y muestran que el simple hecho de observar tu respiración y permitir que tus pensamientos vengan y se vayan tiene un efecto muy relajante, aunque, claro, aquí debo hacer énfasis en que *se vayan*. En el ámbito tibetano, a estos métodos se les conoce como *shamata* o *shiney*, y sirven para apaciguarnos.

Actualmente, la ciencia está tratando de verificar el beneficio de la capacidad de calmar. La gente que practica la atención consciente simple de la respiración, por ejemplo, se siente más relajada en su vida cotidiana y, cuando surgen los sorpresivos episodios de desasosiego, se recupera más rápido que la gente que no medita. Este método parece apaciguar a la amígdala con el objetivo de que el estado de lucha o huida se active en nosotros con menos frecuencia.

Asimismo, entre más tiempo practiques este método de atención constante a lo largo de los años, menos reaccionarás. Los sucesos perturbadores no te harán caer en el estado de malestar con tanta frecuencia y, si llegas a reaccionar, la incomodidad de todas maneras será menos intensa. El mayor beneficio tal vez sea que podrás recuperarte más rápido que antes. En el ámbito de la psicología, la velocidad con que te recuperas del malestar y recobras la calma es justo lo que define el concepto de "resiliencia": entre más pronto te recuperas, más resiliente eres.

Ser capaz de mantenerte enfocado de forma consciente en tu respiración también tiene otros beneficios. De acuerdo con investigaciones realizadas en la Universidad de Stanford, por ejemplo, si estás enfocado en un proyecto importante y te detienes para responder un correo electrónico o un mensaje de texto, y luego terminas navegando en Internet, cuando por fin regreses a tu labor, tu enfoque habrá disminuido porque, para volver a alcanzar el nivel de concentración que tenías, deberás esforzarte bastante… a menos de que ese día hayas practicado atención consciente, un par de veces. En ese caso, no perderás la concentración en absoluto o, si la llegas a perder durante tu "multitasking", el daño no será tan grave.

En la Universidad de California en Santa Bárbara se descubrió otro beneficio. Se seleccionó de forma aleatoria a un grupo de estudiantes para que aprendieran la técnica de atención consciente de la respiración, y los de mayor edad tuvieron mejor desempeño en los exámenes de admisión de la maestría que los del grupo de control. Al parecer, la práctica de la atención consciente mejoró su memoria de trabajo, es decir, uno de los aspectos cruciales para retener lo que se aprende cuando se estudia.

Por otra parte, para quienes apenas empiezan en esta práctica de meditación, me gustaría hacer énfasis en lo siguiente: cuando comienza, mucha gente se queja de que su mente vaga de manera constante, algunos incluso llegan a la apresurada conclusión de que no pueden practicar para nada porque su mente está demasiado agitada. Es justo lo que me sucedió a mí.

En realidad, esto puede ser una señal positiva porque, cuando empezamos a prestar atención al ir y venir de nuestra mente, es decir, cuando cobramos conciencia por primera vez de su errancia, podemos ver cuán distraída se encuentra. Este es el primer paso para ser más conscientes y domar a la mente errante. Una de las claves consiste en recordar que, en lugar de dejarnos arrastrar por una serie de asociaciones, debemos permitir que los pensamientos se alejen en cuanto surjan.

Gracias a otra experiencia científica se descubrió un beneficio adicional de la meditación: mayor claridad. Durante un retiro de tres meses, un grupo de personas meditó seis horas diarias o más.[2] Practicaron la atención consciente de la respiración y también cultivaron estados de bondad amorosa y ecuanimidad. En varios momentos del retiro, y también después, fueron puestos a prueba, se les mostraron muy rápido líneas de distintas longitudes y se les indicó que debían presionar un botón cuando vieran una línea más corta que las otras. Aproximadamente, una de cada diez era más corta.

El desafío en esta prueba consistía en no actuar de manera instintiva y presionar el botón cuando apareciera una línea larga en lugar de una corta. A medida que avanzó el retiro, los practicantes tuvieron un mejor desempeño en este sencillo examen de inhibición de los impulsos. La reticencia a reaccionar de forma caprichosa se presentó acompañada de bienestar general, disminución en la ansiedad y una recuperación más pronta tras los malestares. Quizá, lo más revelador de estos resultados sea que los beneficios duraron meses tras la conclusión del retiro.

Esto se debe a la "respuesta dinámica de dosis" —entre más haces algo, mayores son los beneficios—, y se ha demostrado científicamente de distintas formas. Una de ellas es la reflexión aguda o *vipassana*.[3] En una investigación, ciertos participantes meditaron un día completo y, al siguiente, fueron sometidos a una prueba en el laboratorio. Al someterse a cierto nivel de estrés provocado por los científicos, el incremento en los niveles de cortisol, hormona del estrés, fue menor en los participantes que meditaron que en los que no meditaron.

Asimismo, cuando a los experimentados meditadores les realizaron escaneos cerebrales mientras veían imágenes perturbadoras como la de la víctima de incendio mencionada con anterioridad, mostraron un nivel inferior de reacción en la amígdala. Esta reacción reducida se debió a que tenían una conexión más robusta entre la amígdala y el córtex prefrontal, zona que gestiona las reacciones emocionales.

La gente que solo había realizado la práctica para principiantes, es decir, atención consciente de la respiración, no mostró la conexión fortalecida ni decremento en la reacción; sin embargo, la práctica continua parece mejorar ambos aspectos. Cuando se comparó a los practicantes más y menos experimentados en la meditación, se constató que la amígdala de quienes habían acumulado más horas de práctica se recuperaba más rápido del estrés.

Luego se descubrió algo que puso en duda las predicciones de los expertos en una investigación sobre el ADN. Los investigadores del genoma pensaban que los cambios en el ADN podían suceder debido a impactos ambientales e incluso a los regímenes alimentarios, pero no a ejercicios mentales como la meditación. Sin embargo, estaban equivocados.

Antes de la realización de este estudio, el hecho de que ciertas investigaciones hubieran mostrado que la meditación tenía un impacto activo en nuestros genes fue descartado como una noción ingenua por parte de un experto en el genoma. Después de eso, sin embargo, el equipo de Davidson le pidió a un grupo de experimentados meditadores que meditaran a lo largo de un día completo, y examinó su actividad genética del día previo y el posterior.

Te explicaré un poco el contexto. Tal vez sepas que lo que determina lo que nos sucede en el aspecto biológico no son los genes de nuestro cuerpo, sino el hecho de que se enciendan, es decir, que se "expresen", de acuerdo con la jerga de los especialistas en genética. Los genes que se analizaron en esta investigación eran responsables de los aspectos que desencadenan la respuesta inflamatoria del cuerpo. Cuando estos genes permanecen activos durante años, nos volvemos propensos a enfermedades como artritis, diabetes, problemas cardiovasculares y toda una serie de padecimientos cuya causa depende, hasta cierto punto, de la inflamación crónica de bajo grado.

Si podemos "disminuir y regular" esos genes inflamatorios, es decir, apagarlos, el riesgo es menor. Es justo lo que el equipo de Davidson descubrió tras ocho horas de meditación con estos practicantes de amplia experiencia en *vipassana*, cuyo promedio de horas de meditación ascendía a seis mil en ese momento. La "ingenua" suposición descartada por aquel experto resultó ser cierta.

Hay varios estudios más que sugieren que la meditación tiene efectos benéficos para los genes.[4] Los principiantes en la práctica de la atención consciente, por ejemplo, mostraron niveles más bajos de actividad genética inflamatoria, así como menos sentimientos de soledad. Resulta que sentirse solo estimula la actividad de dichos genes, lo cual hace que la víctima, es decir, nuestro cuerpo, sufra más inflamación.

Por todo lo anterior, si la gente que te rodea te dice que meditar es una pérdida de tiempo y que tal vez sería mejor que hicieras algo útil, dile que estás realizando un entrenamiento mental: la meditación es como ir al gimnasio para la mente.

OCHO

UNA MIRADA MÁS PROFUNDA AL INTERIOR

TSOKNYI RINPOCHE: LA EXPLICACIÓN

A medida que nuestra mente se asiente y tenga claridad, y que nos demos cuenta de que podemos hacerlo con mayor frecuencia, podríamos pensar que hemos llegado al final del camino: *Ya obtuve de la meditación lo que deseaba*, pensaremos. Es cierto que hemos obtenido algo valioso porque, de un estado turbulento y disperso, nuestra mente pasó a uno de más sosiego y claridad. Sin embargo, apenas estamos empezando a descubrir su potencial. De la misma manera en que podemos usar el amor esencial para sanar nuestro mundo sensible y hacer que nuestras relaciones sean saludables gracias a la práctica de *vipassana* o "visión superior" o "cuestionamiento", podemos aprovechar un estado de más calma y claridad para agudizar el entendimiento. *Vipassana*, por cierto, es una rica y querida tradición presente en todas las formas del budismo.

La calma y el entendimiento trabajan en equipo para llevar a cabo este cuestionamiento interior. Para referirnos a la capacidad transformadora de la calma y la comprensión podemos usar una analogía: arrancar la maleza de raíz o solo recortarla. La calma o sosiego es como volver a cortar la maleza. El entendimiento, en cambio, es como arrancarla de raíz con todo lo que eso implique. Encontrarnos en un estado temporal de calma, es decir, cuando solo cortamos la maleza, puede resultar una situación frágil porque, si se llegan a dar las condiciones propicias, nuestra mente podría volver a caer en la confusión, agitación y las emociones desoladoras. La calma es una herramienta valiosa, pero no nos sirve para atender la causa subyacente o raíz. Para eso necesitamos un conocimiento más profundo.

En la tradición budista de donde provengo, la dificultad principal en la práctica del entendimiento es la *cosificación*, es decir, la tendencia a hacer que las cosas se vuelvan más concretas o reales de lo que son. Aquí estoy utilizando el término *cosificación* para transmitir la idea de *solidificación*: la imposición de una realidad sólida y fija. ¿Qué cosificamos? ¡Todo! Cuando nuestra mente cosifica, toda la experiencia la vemos a través de esta misma lente. Cosificar es como creer que un sueño es real. Si creemos que nuestros sueños son reales, podemos emocionarnos demasiado con los que son dulces y agradables, y asustarnos y sentir malestar cuando tenemos pesadillas. A lo largo del día hacemos lo mismo con los recuerdos, los pensamientos y las fantasías.

Cada vez que experimentamos un "yo" como un sujeto, y lo que nos rodea o está en nuestro interior (como los pensamientos) lo experimentamos como objeto, de inmediato cosificamos nuestras percepciones. Este hábito tiende a fijarse de manera profunda en nuestro ser. ¿Cuál es el problema? Que la cosificación conduce a una estrechez u opresión mental y física que, a su vez, nos hace susceptibles de sufrir una densa ansiedad, miedo, necedad, pesadez, inflexibilidad, estados de ánimo incontrolables y un pensamiento neurótico, entre otras cosas. Esta opresión destruye la dicha y nuestro gusto por lo lúdico, destruye nuestro flujo. Todo se vuelve demasiado solemne, todo lo tomamos demasiado en serio. Entre más cosificamos, más difícil nos resulta relajarnos, reírnos de nosotros y ser abiertos. Por esta razón, siempre es útil abordar el mundo y a nosotros mismos de una forma que nos impida cosificar demasiado.

Todo tiene que ver conmigo

Una de las cosas que cosificamos en especial es la noción de nosotros mismos. Algunos de mis amigos están obsesionados con la comida, la naturaleza, el arte o los deportes, pero en la tradición budista de la que provengo, estamos obsesionados con el "yo". Lo estudiamos, pensamos en él y también reflexionamos al respecto. Tal vez te preguntes: *¿Por qué están tan obsesionados con la noción de uno mismo? Es algo que existe y punto. ¡Supérenlo!* Cosificar y aferrarse a la noción de uno mismo de una manera poco sana puede producir una gran cantidad de sufrimiento innecesario, pero es solo un hábito obstinado con una larga historia detrás de sí.

La buena noticia es que, como cualquier otro hábito, podemos modificarlo.

Por supuesto, todos tenemos un flujo de pensamiento único, diferente. Mi cuerpo no es igual al tuyo, mis recuerdos y mis pensamientos no son iguales a los tuyos. Las dificultades comienzan cuando la tendencia a cosificar se fija en una noción de posesión e identificación muy intensa. El *a mí* y *lo mío* se vuelven muy relevantes. Dejo de valorar a la gente y los objetos por lo que son y solo les doy importancia dependiendo de en qué pueden ayudarme *a mí*, y qué pueden ayudarme a conseguir *a mí*. El *yo* se vuelve el centro de una buena cantidad de esperanza y miedo, de mucha avaricia, de expectativas poco realistas respecto a nosotros mismos y a los otros. Entonces las cosas se tornan cada vez menos saludables. Entre más nos asimos con fuerza a nosotros mismos, más intensas son las emociones como el enojo, los celos, la ansiedad y el orgullo.

El hábito de cosificar la noción de nosotros mismos se basa en un malentendido muy sutil: al cuerpo y a la mente les imputamos cualidades que no tienen en realidad. Pensamos que debería haber una especie de certidumbre, de estabilidad duradera. Creemos que el cuerpo y la mente deberían ser autónomos, y que no tendrían por qué depender de otras personas o situaciones. Estas ilusiones pueden persistir por periodos breves, lo cual nos hace creerlas, pero luego nos enfermamos o algo terrible sucede en nuestra vida, y la mente vuelve a caer en la turbulencia. Cuando el cuerpo colapsa y la mente se estresa, se agita o es infeliz, ambos se muestran ante nosotros como han sido siempre: una serie de piezas y componentes que pueden fallar en cualquier momento, como las de las bicicletas o los automóviles. A medida que nos familiaricemos con esta incertidumbre inherente, nos volveremos más resilientes porque nuestro entendimiento será más parecido y cercano a la realidad. En cuanto comprendamos nuestra verdadera naturaleza de una forma más precisa, nuestras expectativas serán más sanas y realistas.

En la tradición budista a la que pertenezco, se enseña la *abnegación* o *altruismo*, pero, a menudo, la gente los malinterpreta y lleva las cosas demasiado lejos. Ninguno de ellos implica que no exista una personalidad, que la noción de uno mismo no exista en absoluto. No se trata de una ausencia nihilista total, ni de una especie de vacuidad. Cultivar el entendimiento respecto a la naturaleza de uno mismo no tiene por qué hacer que alguien se transforme en una patata o en una fría estatua de mármol. Si encontraras a alguien que encarne la abnegación como Buda y le preguntaras: "¿Adónde vas?", no te contestaría: "¿A qué te refieres?". Eso sería ridículo. Un buda es un ser funcional a un nivel muy elevado, tal vez más funcional de lo que imaginamos. Un Buda sabe lo que son las convenciones y cómo usarlas, también conoce los límites de las mismas y cómo trascenderlos.

Sentir abnegación significa que la noción de uno mismo no es sólida ni real de verdad. Es algo furtivo, astuto, onírico. Si nos buscamos a nosotros mismos en el interior, podríamos llegar a *sentir* algo, pero eso no significa que sea un objeto real como la materia sólida. Podría parecernos que nuestro *yo* tiene como base el cuerpo y la mente. O, quizá, pensemos que es algo independiente, como un alma permanente. Sin embargo, cuando lo buscamos y analizamos el cuerpo y la mente de verdad, no podemos encontrarlo del todo porque estos continúan cambiando. El cuerpo y la mente están compuestos de muchísimos elementos y funcionan como una red de interdependencia. La noción de uno mismo también cambia todo el tiempo, va y viene. En respuesta a distintas situaciones, formamos, modificamos y disolvemos distintas identidades. A veces, por ejemplo, todo depende de con quién estemos. Podríamos ser niños y padres, maestros y estudiantes, seres que dan y seres que reciben, inflexibles y maleables. Podríamos sentirnos vulnerables, empoderados, incómodos o seguros, todo depende de quien se refleje en nosotros. La noción de uno mismo se encuentra en flujo constante.

Los cuatro Yo

¿Qué es el "yo"? La noción de uno mismo es un hábito que surge y cesa en la conciencia. El hábito es la cosificación de la noción de un observador, de alguien que está en el centro de nuestra experiencia y la conoce.

Tomemos el ejemplo de un automóvil. Por fuera hay un vehículo, está frente a mí. Puedo subirme y manejarlo. Sin embargo, si lo desarmo, solo tendré un montón de piezas: puertas, motor, ejes, ruedas, llantas, etcétera. Entonces ¿dónde está el "automóvil"? El "automóvil" se revela como una abstracción, como una imputación a una serie de componentes. La noción de uno mismo o del "yo" es una etiqueta que describe de manera muy útil una "entidad" conceptual de muchos componentes. En el caso del "yo", los componentes son el cuerpo, las sensaciones, las percepciones, las formaciones mentales y la conciencia.

En la tradición budista a la que pertenezco hay muchas maneras de hablar y pensar sobre el yo. A mí me agrada usar un sistema muy sencillo llamado *Los cuatro Yo*. Este sistema proviene de muchas fuentes, yo solo reuní los elementos y les puse nombres para unificarlos. Los cuatro Yo pueden ayudarnos a tener más claridad sobre cómo opera la noción del yo, tanto en situaciones sanas como en las tóxicas.

El Yo simple

Si la noción de uno mismo, del yo, es furtiva, engañosa, onírica, mutable e interdependiente, ¿de qué manera sería adecuado relacionarse con ella? De una manera *simple*. La *simplicidad* es lo contrario de la cosificación. Es una forma ligera de tocar, de asir o sujetar. Si necesitas sujetar un pañuelo de papel, no es necesario que tenses las manos como si fueran pinzas ni que aprietes demasiado. Basta con que lo tomes con suavidad. La noción del yo parece estar ahí simplemente, los objetos de la experiencia también. La noción de uno mismo o del yo experimenta varias percepciones sensoriales y pensamientos de un modo sencillo; y recuerda y planea para el futuro de la misma forma. Nos hace sentir como si solo estuviéramos aquí, no necesitamos concentrarnos en el yo. Los sueños solo se presentan sin ser sólidos ni reales. Los reflejos y los espejismos solo aparecen. El *Yo simple* representa una manera saludable de relacionarnos con la noción de nosotros mismos y con nuestras experiencias de cambio. Esta simplicidad nos permite movernos con la realidad, nos deja bailar y fluir. Estamos en armonía con la realidad natural.

La verdad es que todo se mueve y muta. Si entendemos esto, podremos encontrar algo de apertura y flexibilidad, así como la fluidez que aligerará la cosificación. Después, el entendimiento podría llevarnos a la interconexión porque todas las cosas dependen de otras. Cuando comprendemos que el cuerpo y la mente no son una entidad, sino una colección de componentes, nos abrimos a la fluidez y la multiplicidad. Así permitimos que fluyan más experiencias, que vayan y vengan, no necesitamos reconciliarlas con quien creíamos ser ni crear una narrativa.

A veces, a esto le llamo el *hermoso y funcional* Yo simple. Es hermoso porque, en lugar de reaccionar, responde. Es ligero y juguetón, está listo para amar, pero no de una manera exagerada y pesada. Es flexible y simple, posee un bienestar elemental. No lo controlan planes ulteriores para cosificar y alabarse a sí mismo. El Yo simple es un verdadero hogar para un ser humano saludable, es como la estabilidad y el amor esencial. Para conectarse con el Yo simple tenemos que aprender a dejar ir. El Yo simple es una manera de ser a la que siempre podemos volver para encontrar cordura, liberar tensión y vincularnos con la apertura.

El Yo cosificado

Cuando no reconocemos la simplicidad, la cosificación se cuela y se implanta. La noción del yo se hace más concreta, se convierte en algo muy sólido. A esto le llamo *Yo cosificado*. La aparente separación entre nosotros y la experiencia, entre las percepciones y quien percibe, se vuelve rígida y marcada.

En lugar de observar y pensar: *Mi cuerpo se siente un poco incómodo y ansioso esta mañana. Mmm, tal vez estoy de un humor peculiar. Veamos qué va sucediendo*, tomamos nuestras percepciones y las concretamos: "¡Qué día tan espantoso! ¡Esta situación es terrible! ¡Todos están en mi contra!".

Nuestro mundo se separa más y más: *el Yo y el otro, aquí y allá afuera*. No dejamos de cosificar, entonces todo se tensa demasiado. En lugar de ver la simplicidad y la interdependencia de todo, perdemos de vista la belleza y la fluidez, y continuamos estresándonos por dentro. A medida que la rigidez aumenta, podemos perder la alegría y el bienestar intrínsecos. Y con el paso del tiempo surge el egoísmo.

El Yo cosificado tiene una dimensión burda y otra sutil. La dimensión burda lo hace morder y aferrarse a todo tipo de cosas. Propicia situaciones y relaciones tensas, pesadas y serias. Imagina por un instante que aprietas los dientes y frunces el ceño. Lo sé, es un gesto exagerado, pero ilustra bien la actitud del Yo cosificado. La dimensión sutil solo lo hace creer demasiado en todo. Cuando el flujo de la experiencia pasa, en lugar de relacionarse con él de una manera libre, alegre y juguetona, lo concreta y se aferra. Hace que las sonrisas sean un poco forzadas, dificulta la risa. El Yo cosificado solidifica los éxitos y las batallas, los triunfos y los fracasos.

Uno de los malentendidos más comunes nos hace pensar que nada funciona si no hay cosificación, por eso debemos aclarar este punto. Podríamos pensar: *Necesito seriedad. Si no veo una actitud seria y enfocada en el yo, no puedo hacer nada.* Sin embargo, la realidad no es fija. Cuando tratamos de fijar y forzar todo, no hay baile, ni flujo ni movimiento. Podríamos entender esto de manera racional, pero desde pequeños aprendimos que para sentirnos a salvo en el aspecto emocional, debemos esperar que las cosas sean inamovibles. Poco a poco, esta obsesión se vuelve abrumadora y nos causa sufrimiento adicional. Incluso tal vez estemos conscientes de que debemos "dejar ir", pero no sepamos cómo hacerlo. Esto se debe a la fijación, a la obsesión, al Yo cosificado.

El Yo necesitado

El *Yo necesitado* se desarrolla a partir del Yo cosificado a medida que nos volvemos más egoístas y nos alabamos más. El Yo necesitado es más evidente que el Yo simple y el Yo cosificado porque podemos detectarlo en lo que, de manera usual, consideramos que es un comportamiento acaparador o de carencia. Cuando no contamos con la simplicidad, perdemos el contacto con lo que nos ancla o nos pone los pies en la tierra, con la apertura y la libertad, con nuestra capacidad para fluir y ser juguetones, ligeros. El Yo cosificado es nervioso, no goza ni juega. Tal vez sintamos que nos hace falta algo, pero tratamos de remediarlo de la forma incorrecta: en lugar de entender que el Yo cosificado es problemático, nos equivocamos y pensamos que carece de algo. Por eso tratamos de encontrar lo que falta y lo consumimos sin importar si se trata de amor, aceptación, posesiones materiales, estatus o cualquier otra cosa. Nos volvemos admiradores de nosotros mismos, de nuestro frágil ego. Ese yo que se ensalza suele enfocarse en exigir felicidad, pero solo para sí mismo.

La felicidad, sin embargo, existe de manera interdependiente, es decir, necesitamos cuidar del bienestar de otros. Cuando se manifiesta el Yo que solo se aprecia a sí mismo, sentimos la necesidad de experimentar una alegría egoísta, pero, claro, eso es imposible porque nuestra alegría depende de la de otros. Cuando todo se trata de mí, nos volvemos muy solitarios. Por esta razón, una de las cosas que delatan al Yo egoísta que solo se celebra a sí mismo es esa búsqueda egoísta de la felicidad *solo para mí*.

El Yo social

El *Yo social* tiene que ver con el entendimiento de que existimos en la percepción de otras personas. Los otros tienen imágenes mentales de nosotros, nos ponderan, se forman una opinión sobre quiénes somos y nos juzgan. Tal vez les simpaticemos, tal vez no. Quizá seamos populares o no. El Yo social representa nuestro entendimiento de este concepto, la ansiedad o ligereza que nos provoca, y también nuestro deseo de manejarlo. A menos de que vivamos en las montañas, todos tenemos que lidiar con él. El Yo social no es ni positivo ni negativo de forma inherente. Puede expresar al Yo simple, al Yo cosificado o al Yo necesitado. Asimismo, el hecho de que el Yo simple esté detrás del Yo social puede ser muy útil si sabemos cómo aprovecharlo. Cuando jugamos con humor y con el Yo simple, el Yo social puede resultar muy divertido, e incluso podemos cubrirlo con una noción de altruismo y compasión, pero solo si el Yo que se celebra a sí mismo no ejerce su influencia ni tiene propósitos ulteriores. De esta manera, el Yo social puede ayudar a mucha gente.

A mí me agrada pensar en el Dalai Lama como ejemplo de un Yo social muy sano. Naturalmente, él funciona a un nivel muy elevado. Ha desarrollado su "Yo social de Dalai Lama" y lo usa casi todo el día, en todo el mundo y al interactuar con mucha gente. A pesar de todo esto, a menudo dice que no sueña con ser un lama muy famoso, sino, más bien un simple monje. Esto es prueba de que su Yo social se basa en el Yo simple, y no en el Yo cosificado. Cuando vuelve a su habitación, puede dejar que el Yo social se desvanezca, y volver a su Yo simple, el cual es muy saludable. El Dalai Lama no vive atrapado en el Yo cosificado, él marca un nivel muy alto que nosotros no podríamos alcanzar solo así. Sin embargo, siempre es bueno contar con un ejemplo, con un objetivo hacia el cual orientarnos.

Por otra parte, cuando el Yo cosificado se desarrolla y se transforma en el Yo que se celebra a sí mismo, el Yo social comienza a fallar. De pronto deseamos reconocimiento, popularidad, aplausos y fama, entre otras cosas, y empezamos a preocuparnos por nuestra reputación. Entonces, manejar al Yo social puede tornarse agotador y causarnos demasiada ansiedad. Hoy en día, por ejemplo, me preocupa mucho la manera en que las redes sociales hacen que el Yo social sea más estresante que nunca. Esto nos afecta a todos, pero en especial a los jóvenes porque ellos pasan mucho tiempo en el mundo virtual.

Permanencia, singularidad e independencia

A menudo tenemos la sensación de que nuestro yo tiene *permanencia*, de que es una entidad unificada, singular e independiente. El hábito que tenemos de cosificar es la raíz de la confusión y proviene de todas estas suposiciones. Le imponemos ciertas cualidades a la noción que tenemos de nosotros mismos, pero también a los objetos de nuestra percepción que en realidad no existen.

El término *permanencia* parecería describir algo peculiar y grandioso porque, en el fondo, sabemos que las cosas no son infinitas. Sin embargo, olvidamos que, al igual que la mente y el estado de ánimo, el cuerpo cambia de forma constante. Todo tiene un flujo y está en transición. Las piezas fundamentales de la mente y la materia surgen y cesan de manera constante, aparecen y desaparecen, nacen y fallecen. La realidad es más parecida a un río destellante que a una serie de objetos muertos y fijos en el espacio, y cuando nos olvidamos de este flujo constante, nuestro estado de ánimo puede volverse una gran carga emocional. *Este es mi estado de ánimo permanente, siempre seré así*, pensamos. Por ello, cuando las cosas no salen como esperamos, sentimos que el mundo se derrumba.

En cambio, si permanecemos en contacto con el flujo, desarrollamos una perspectiva y recordamos que *esto también pasará pronto*. Asimilar el hecho de que todo muta nos permite mantenernos anclados durante los altibajos.

Por otra parte, asumir que las cosas son *singulares* implica pensar que una serie de distintos componentes es, en realidad, una unidad. A mí me gusta llamarle a esto *efecto de agrupación*, es decir, pensamos que el cuerpo es un bulto, un grupo de objetos que percibimos como bultos también. Este enfoque genera varios problemas. Para empezar, aunque el cuerpo, los sentimientos, la mente y la noción del yo son, en realidad, distintos flujos de experiencia, nosotros los agrupamos y creemos que son "yo". Luego, cuando uno de ellos no se siente bien, da la impresión de que el problema se generaliza y todos sufren el malestar. En ese momento, perdemos la distancia y el espacio que hay alrededor y entre cada uno de ellos. Nos sentimos atorados. En segundo lugar, también solemos agrupar a otras personas y sus emociones. Cuando alguien experimenta una emoción, en lugar de comprender que esta lo domina de forma temporal, pensamos: *Esa persona* es *la emoción*, y esto nos lleva a culparlo o culparla por lo que siente. *Es una mala persona*, nos decimos, y construimos y conservamos sesgos y rencores con base en algo que es pasajero y que, de ninguna manera, es intrínseco a la personalidad de la persona que juzgamos.

Por último, tenemos el problema de la *independencia*. A todos nos agrada la idea de ser independientes, y nos suena bien como *ideal*. Por eso damos por hecho que la noción de nosotros mismos es independiente: *Soy independiente, ¡no necesito a nadie!* Incluso sentimos un orgullo que, por desgracia, es solitario, forma parte de una confusión y no se basa en la realidad. También damos por sentado que son independientes los objetos de nuestra percepción, entre los que incluimos a las otras personas. Pensamos que tienen libertad de controlar su cuerpo, su expresión oral y su mente, aunque de hecho, nada es del todo autónomo, ni siquiera el yo o la noción que tenemos de nosotros mismos. Todo es interdependiente, todo depende de otras cosas. El árbol, por ejemplo, depende de la lluvia, el aire, la tierra, la luz del sol y los insectos que lo polinizan. Para sobrevivir, nuestro cuerpo depende del alimento, el agua, el aire y muchos otros elementos; y si deseamos prosperar como seres humanos, dependemos incluso de más condiciones. Todo está conectado a una gran cantidad de elementos.

Flujo, multiplicidad e interconexión

La confusión es la raíz de la fijación, y la base de la confusión es la fijación, pero no tendría por qué ser así. La noción que tenemos de nosotros mismos y los objetos de nuestra percepción tienen el potencial de ser lúdicos y juguetones, y de producir alegría gracias a eso. Todo esto es congruente con la naturaleza, todo es un juego: los árboles, el viento, las montañas. Todo juega en un marco de interdependencia, pero sin aferrarse, sin cosificar.

Por esto debemos relajarnos y encontrar apertura y espacio. Lo opuesto a los malentendidos que mencioné antes son *flujo*, *multiplicidad* e *interconexión*. Una vez que hayamos contemplado y resuelto dichos malentendidos, podremos traerlos a la mente de nuevo y ayudar a crear una perspectiva en nuestra vida cotidiana. Podremos recordar la interconexión y la interdependencia, podremos volver al hermoso Yo simple, al sencillo y agraciado Yo simple. La interconexión crea la posibilidad de amar sin discriminar porque, al fin y al cabo, dependemos de todos.

La práctica

Ahora necesitamos retomar todas las prácticas estudiadas hasta el momento e integrarlas con el entendimiento del Yo simple, pero sin cosificar. De hecho, podremos aprender cómo dejarnos caer en el Yo simple y, cuando veamos que aparece la solidez y el Yo que se alaba a sí mismo, descenderemos al cuerpo para encontrar el amor esencial. De esta manera, podremos disfrutar de él con el abierto y hermoso Yo simple, sin aferrarnos a nada. Podremos estrechar la mano sin cosificar. Trabajaremos con energía y agilidad, encontraremos la forma de mantenernos firmes en el Yo simple. Practicaremos cómo asentarnos en la mente y encontrar claridad, una vez más, sin cosificar. La comprensión de la simplicidad y de lo innecesaria que es la fijación podrá impregnar todas nuestras prácticas y lo que percibamos.

Por cierto, también es importante que no cosifiques tu práctica de la meditación. Es decir, a veces es fácil apegarnos a este precioso estado, pero eso solo hace que en nuestro camino espiritual surjan viejos hábitos de tensión, crítica y ambición. Es preferible que la meditación sea un espacio para cuestionar la cosificación, la fijación y la estrechez. Este camino espiritual puede ser un refugio para fomentar nuestro carácter juguetón, la alegría, la apertura y el amor.

Por todo lo anterior, la práctica principal consiste en volver al Yo simple. Si logramos entender a los cuatro Yo en nuestra experiencia, podremos identificar dónde estamos: *¡Ah! Ahora estoy en el Yo cosificado o en el Yo social, o en el Yo que se alaba a sí mismo.* Necesitamos identificar a todos en la experiencia. El regreso al Yo simple es solo una combinación del entendimiento de dónde estamos atorados y de la capacidad para dejar pasar las cosas.

Empieza por adoptar una postura cómoda, con la columna vertebral derecha, y el cuerpo y la mente relajados. Prepárate para esta práctica de comprensión: primero deja caer la atención hacia el cuerpo algunos minutos y conéctate con el mundo sensible. Si sientes que alguna emoción necesita que estreches la mano con ella, realiza la práctica correspondiente. Si puedes conectarte con el amor esencial, permite que bañe tu corazón y tu cuerpo. Ahora deja que la mente se asiente en el sosiego y la claridad un rato. Cuando sientas suficiente calma y claridad, trata de identificar de manera consciente cuál de los Yo está operando en ese momento. Conócelo, siéntelo, identifícate con él con certeza.

Trata de volver al Yo simple. Usa tu entendimiento de la impermanencia, la interdependencia y la multiplicidad. Tal vez el panorama te bloquee y se muestre agobiante, tenso y serio, pero estas son solo percepciones cambiantes. Usa la práctica para dejar ir. Sin importar el clima, el cielo permanece abierto y complaciente. Continúa ubicando los puntos de tensión en tu cuerpo, en el mundo sensible y en la mente. Luego libéralos.

Usa el apretón de manos y el amor esencial. Cuando aparezcan los monstruos hermosos, es decir, las emociones complicadas y la reticencia, recíbelos con la mano extendida de la conciencia tolerante. Vuelve a conectarte con el amor esencial hasta que te sientas como en casa, como si estuvieras en tu lugar. Si puedes volver al Yo simple, permanece ahí y acompáñalo. Si no puedes descender y volver a él, relájate y estrecha la mano con lo que sea que esté presente.

A veces, el Yo cosificado parece muy fuerte, por lo que resulta difícil dejarlo ir para volver al Yo simple. Si sientes que eso te está sucediendo, intenta lo siguiente:

Empieza de la misma manera que antes, adoptando una postura cómoda y dejando caer la conciencia hacia el cuerpo. Permanece ahí y en el mundo sensible un rato, sin propósitos ulteriores. Permite que la conciencia se asiente en la calma y la claridad. Cuando te sientas centrado y en equilibrio, trata de llevar tu atención al Yo cosificado. Intenta encontrar su solidez y su tensión. Tal vez lo notes porque será como una sujeción subyacente, como cierta seriedad. Si encuentras al Yo cosificado, permítete sentirlo un rato para conocerlo mejor. Después de unos instantes, trata de sonreír hacia dentro y recuerda la simplicidad. Trata de relajarte y de aflojar la sujeción del Yo cosificado. Déjate caer en el Yo simple. Si no puedes hacerlo en ese momento, practica el apretón de manos.

También podemos practicar de manera cotidiana:

De nueva cuenta, la práctica esencial consistirá en volver al Yo simple. No importa lo que estés tratando de hacer, recuerda los puntos clave: entendimiento, dejar ir, solo quédate con la experiencia presente y estrecha la mano con el mundo sensible. Cada vez que sea posible, conéctate con el amor esencial. Permite que este cubra al Yo simple, y que la simplicidad lo cubra a él.

Una vez que se hayan vinculado el amor esencial y el Yo simple, si necesitas interactuar con el Yo social, si necesitas desempeñar un papel cuando estás con ciertas personas en particular, hazlo. Involúcrate a fondo. No importa si estás solo o con otros, recuerda que todo se mueve y cambia, todo está interconectado. Cuando el Yo cosificado te cause dificultades, no entres en pánico, solo obsérvalo. Identifícalo con claridad y aprende de él. Si usas tu entendimiento, podrás llevar a tu sendero de meditación y sabiduría cualquier cosa que desees.

Para responder a cada circunstancia que se presente, aplica la técnica que te parezca adecuada: caída o descenso de la conciencia, apretón de manos, amor esencial, respiración, asentamiento o búsqueda de claridad. Usa lo que te parezca útil para cada momento determinado y no cosifiques. Cada vez que te sea posible, vuelve al Yo simple. Trata de integrar a tu experiencia el anclaje, el amor esencial y el Yo simple para que se vuelvan tu hogar, tu base. Permite que la belleza de la simplicidad forme parte de todas tus prácticas espirituales, que entre en contacto con cada parte de ti, con todo lo que percibas y con todos los seres con los que té conectes.

DANIEL GOLEMAN: LA CIENCIA

Tulku Urgyen, padre de Tsoknyi Rinpoche, fue uno de los maestros de la meditación más reverenciados de su tiempo. Mi esposa y yo tuvimos la fortuna de reunirnos con él algunas veces. En ciertas ocasiones, pasamos varias semanas juntos antes de que falleciera, en 1996.

Aunque su amorosa presencia era palpable, a mí me impresionaba más otra de sus cualidades: la humildad. Siempre que enseñaba un texto tibetano, primero le hacía un reconocimiento al maestro del que había recibido esa enseñanza en particular.

Luego se deslindaba diciendo algo como: "Yo no tengo ninguna habilidad en especial, solo me esforzaré en explicar esto con base en lo que me han enseñado mis maestros".

Esta humilde actitud representa un contraste profundo con el estilo que privilegia esa actitud narcisista con la que alimentamos al ego, tan común e incluso admirado en la cultura moderna. En el modelo de los varios Yo que desarrolló Tsoknyi Rinpoche, es discernible la actitud de Tulku Urgyen que da voz al Yo simple, es decir, el Yo que no tiene la menor necesidad de impresionar a otros ni de inflar su ego.

Cuando Richard Davidson y yo buscamos, entre miles de estudios publicados, las mejores investigaciones realizadas hasta ese momento respecto a la meditación, descubrimos que había un hueco muy notorio.[1] Aunque encontramos una infinidad de información sobre los hallazgos que validaban los beneficios y frutos conocidos de esta práctica —más calma, mejor enfoque, relajación y mejoramiento de la salud, entre otros—, notamos que había muy pocas investigaciones sobre la forma en que la práctica constante de la meditación disminuía la necesidad de aferrarse al ego. Asimismo, respecto a la abnegación y el desinterés, o el Yo simple, como le llama Tsoknyi, no encontramos prácticamente nada.

Tsoknyi considera que este "Yo" es el más sano porque es donde mantenemos ligera la noción de nosotros mismos, así como todos los otros pensamientos y emociones. Reconocemos nuestra singularidad y los demás valores que puede haber en nuestro Yo social, por ejemplo, pero lo vemos todo como un simple despliegue, como un reflejo en el espejo. Dependiendo del momento, podemos ser juguetones y ligeros, o serios, nada nos lo impide porque ya no nos limita nuestra necesidad incontrolable ni el deseo de defender una noción específica de nosotros. Estamos disponibles para atender las necesidades de alguien más.

Sin embargo, este modelo del yo ultrasano depende de una ligereza del ser que no tiene equivalente en la psicología moderna. Lo que nos agobia es nuestro ordinario flujo de conciencia que solo enfocamos en nosotros mismos, así como sus interminables preocupaciones, deseos e inquietudes, esperanzas y miedos, listas de pendientes y otras nimiedades parecidas. Este espumoso brebaje mental constituye lo que creemos que es el "yo", es decir, la materia que me hacer ser "quien soy". Es la misma noción de nosotros mismos que nos imbuye el sentimiento de estar en casa, en medio del mutante océano que es nuestra experiencia.

No obstante, las psicologías tradicionales asiáticas tienen una visión distinta. Como lo señaló en el siglo v Vasubandhu, un sabio indio: "Mientras te aferres al yo estarás atado al mundo del sufrimiento". Alcanzar la libertad de nuestro yo ordinario y permanecer en el Yo simple siempre ha sido uno de los objetivos de los senderos espirituales asiáticos.

La naturaleza del "sufrimiento" en nuestra vida ordinaria puede resultarnos elusiva casi a todos; sin embargo, muchas de las experiencias que los senderos espirituales consideran sufrimiento pueden resultarle evidentes a todo mundo. Pensemos, por ejemplo, en la relación entre la depresión y el Yo cosificado, es decir, la relación que despliega los pensamientos y sentimientos más "pegajosos" y complicados. Entre las señales distintivas de la depresión podemos encontrar un intenso y persistente enfoque en uno mismo, y una tendencia a pensar dándole vueltas a todo de forma persistente y repetitiva. Este modo de aferrarnos a los pensamientos y a rumiar de manera permanente parece formar parte de uno de los mecanismos que conducen a la depresión. Los pensamientos como *Soy un fracaso* y *Mi vida carece de sentido* son depresiogénicos, es decir, estimulan el desencadenamiento de episodios depresivos.

Las psicoterapias más exitosas para atender la depresión instan a las personas a ver estos pensamientos de una manera distinta: en lugar de solo creerlos, nos exhortan a cambiar nuestra relación con ellos. Una de las máximas utilizadas en este tipo de terapias es: "No tienes por qué creer tus pensamientos".[2] Y, en especial, no tenemos por qué creer los pensamientos que nos hacen sentir deprimidos. A este cambio en la relación que tenemos con los pensamientos negativos se le llama "descentramiento" y marca el punto en que confluyen la psicoterapia y la meditación, en especial la atención consciente.

Al igual que el Yo cosificado, el Yo necesitado parece reflejar la actividad de los circuitos emocionales del cerebro. El proceso es simple: el pegajoso y complicado enfoque egoísta hace que la preocupación que sentimos por la noción de nosotros mismos (*yo, a mí, mío*) se vuelva más densa. Nuestra mente se fija en lo que nos hace sentir recompensados y evita lo desagradable. Esto puede conducir a un enfoque narcisista respecto a lo que deseamos, sin que nos importe el impacto que podríamos tener en otras personas, o a patrones poco saludables en nuestras relaciones, como el de la dependencia y la necesidad excesivas.

La manera en que nuestros apegos de la infancia moldean nuestras relaciones en la vida adulta ha sido analizada de forma considerable en trabajos que tienen como origen las teorías de John Bowlby, psiquiatra y psicoanalista británico experto en el desarrollo infantil.[3] Si en nuestra infancia sentimos abandono o incluso trauma, por ejemplo, podemos desarrollar una tendencia a la desconfianza en nuestras relaciones como adultos. De modo similar, si los sucesos de nuestra niñez nos condujeron a tratar de captar la atención de otros con reacciones exageradas o comportándonos en extremo ansiosos respecto a nuestros vínculos con otros, siendo adultos actuaremos igual. Si cuando éramos niños, la ansiedad que nos provocaban las relaciones con los demás la manejábamos apagando todas nuestras emociones, de adultos haremos lo mismo. En cambio, si cuando éramos muy pequeños nos sentimos seguros al convivir con otras personas, damos por sentada la noción de seguridad y, al crecer, la hacemos parte del funcionamiento de nuestras relaciones más cercanas.

Luego viene el Yo social, es decir, la manera en que existimos en la mente de los demás. Algunas personas invierten una gran cantidad de energía en lo que en la psicología se llama "manejo de la impresión" y tratan de manipular la forma en que son percibidas, sin importar quiénes y cómo son en realidad más allá de las apariencias. La faceta negativa del Yo social es producto del anhelo de agradarles a otros a cualquier precio, incluso de proyectar un falso yo.[4] Las redes sociales exacerban el Yo social cuando la gente trata con desesperación de aumentar las interacciones por parte de sus seguidores.

Por otra parte, el Yo social puede ser muy positivo cuando comprendemos su potencial y lo que nos motiva es una noción de cuidado por los otros en lugar de la necesidad de recibir afecto. Como lo señala Tsoknyi Rinpoche, el Dalai Lama es un ejemplo de ello. Su Santidad se ha convertido en el vocero de la unificación de la humanidad y de la necesidad de que la ética basada en la compasión nos guíe. Cuando Paul Ekman, el experto en la expresión facial de las emociones, conoció al Dalai Lama, de inmediato le impresionó la agilidad emocional del famoso monje. Ekman notó que cuando iba conociendo a una persona tras otra mientras las saludaba, su rostro también iba reflejando las emociones de cada una, y luego, cada expresión se desvanecía en cuanto tenía enfrente a la siguiente persona.

Ekman nunca había visto una transición tan rápida y continua entre la tristeza profunda y la alegría desbordante, por ejemplo. Este cambio parece indicar una falta de "apego". Cuando nos liberamos de las emociones desoladoras y los deseos compulsivos, podemos acercarnos a lo que Ekman vio en el Dalai Lama, al desapego, es decir, al Yo simple. Dicho de otra forma, pasamos de una noción rígida del yo a una manera de manifestarnos más flexible y encarnada en el instante presente.

La neurociencia nos dice que la noción más densa del Yo se presenta cuando "no estamos haciendo nada", o sea, cuando la mente solo deambula. En general, esta errancia conlleva pensamientos sobre nosotros mismos: *lo que me inquieta, cuántos* like *le han dado a mi publicación en redes sociales, mis relaciones personales, mi emoción en este momento.* La franja de circuitos cerebrales activos en esos momentos de ocio en que nuestra ensoñación se enfoca en nosotros mismos se llama *modo de red neuronal por defecto.* Este término indica que dichos circuitos asumen el control por defecto cuando nosotros no estamos involucrados en la acción, por ejemplo, cuando no estamos haciendo algo que exige que nos enfoquemos en la tarea mental presente, como cuando resolvemos un problema de matemáticas.

El sistema del Yo genera nuestro universo personal a través de una organización que jerarquiza los sucesos de nuestra vida dependiendo de la forma en que nos afectan, es decir, siempre somos el personaje principal de las historias que nos contamos respecto a la vida. Por eso, mientras nosotros nos narramos lo que sucede, el modo de red neuronal por defecto se activa. Sin embargo, de acuerdo con las investigaciones, quienes practican la meditación durante muchos años tienen circuitos cerebrales reforzados que pueden aplacar a este dispositivo.[5]

Davidson y yo encontramos algunas investigaciones que rastrean el progreso de la meditación para contrarrestar la fuerza del sistema cerebral enfocado en el Yo. De acuerdo con ellas, entre más tiempo ha meditado alguien, más débiles son las conexiones en su sistema de creación del Yo. Esta puede ser la razón por la que alguien que medita solo nota una experiencia como, digamos, un dolor de rodilla, y la deja pasar en lugar de aferrarse a ella. El Yo simple puede hacer esto con mayor facilidad, en tanto que el Yo cosificado se queda atrapado en la urgencia de hacer algo para evitar el dolor.

La ciencia cognitiva ha determinado que lo que creemos que es nuestro sólido "Yo", en realidad es una construcción a partir de fragmentos de percepciones, recuerdos, pensamientos y otros elementos mentales efímeros similares.[6] El cerebro mantiene esta noción del Yo permanente a partir de una mezcla de fenómenos pasajeros. Todo es una ilusión que el cerebro construye para nosotros todo el tiempo, así que… adiós al Yo permanente. Una de las reflexiones más importantes del budismo es la analogía de esta comprensión, es decir, cuando decimos que el Yo no existe como tal, sino solo como una ilusión de sí mismo.

La psicología, por ejemplo, estudia el tipo de humildad que despliegan maestros como Tulku Urgyen, pero en términos menos agradables.[7] El término científico en inglés es *hypo-egoic nonentitlement*, el cual se puede traducir más o menos como "carencia de importancia libre de ego" y, en palabras más comunes, como el hecho de "no sentirse especial" ni privilegiado. En efecto, esta es precisamente la actitud opuesta al narcisismo.

Por lo menos en teoría, la neurociencia ha empezado a estudiar lo que el Yo simple podría implicar en términos de la función cerebral, pero aún no hay nada más allá de las especulaciones. Hasta la fecha no se han realizado estudios sobre el cableado cerebral que podría estar a cargo de la creación de la noción del Yo ni de la forma en que este cambia a medida que nos familiarizamos con el Yo simple. Una de las teorías sugiere que la "meditación deconstructiva", es decir, las prácticas que nos acercan a la experiencia del Yo simple en la que cada vez oscilamos menos entre el Yo cosificado y el Yo que se alaba a sí mismo, implica el mantenimiento de un estado de conciencia pura.

La ciencia va un poco más allá con la teoría sobre lo que dicho estado de conciencia pura podría significar en términos de la función cerebral.[8] De acuerdo con esta perspectiva, el cerebro lleva a cabo predicciones de manera constante basándose en nuestras experiencias previas, un proceso al que a veces se le llama "proflexión". No obstante, entre más nos acercamos a un asentamiento de la conciencia en el momento presente, más se debilita la anticipación sobre el futuro, en tanto que la que se basa en el pasado prácticamente desaparece. Cuando somos capaces de mantener la conciencia en el momento presente sin pensar en el pasado ni el futuro, los circuitos cerebrales de la conciencia ordinaria se acallan. Al menos, eso es lo que se especula hasta el momento.

Los beneficios de acallar la mente incluyen un estado de mayor calma y claridad; sin embargo, la capacidad de permanecer en la conciencia pura va más allá. Richard Davidson, quien estudió el cerebro de yoguis sumamente avanzados que habían alcanzado este nivel, me cuenta que nunca había conocido a un grupo de gente tan presente, dichosa y amigable.

EPÍLOGO: UN ÚLTIMO CONSEJO

CUERPO ASENTADO, CORAZÓN ABIERTO, MENTE CLARA

La visión que tuvimos al escribir este libro fue la de ayudar a la gente a ser sana en todo sentido: gente bien asentada, cálida y de mente lúcida que tenga la energía y la inclinación natural a ayudar a otros. Hemos capturado este deseo en la sencilla frase: *Cuerpo asentado, corazón abierto, mente clara*, porque creemos que expresa el resultado del entrenamiento de las diversas prácticas que te presentamos aquí.

A medida que nos volvamos más adeptos a la utilización de estas herramientas, nos será más fácil aplicar la más adecuada para cada situación, de la misma manera en que un hábil carpintero elige sus herramientas para las diversas etapas de un proyecto. La vida nos presenta obstáculos, desafíos y dificultades en nuestras relaciones con otras personas y con nosotros mismos, y en nuestro mundo interno de sentimientos, pensamientos y emociones. Sin embargo, podemos acercarnos a los métodos aquí presentados y verlos como una caja de herramientas para enfrentar la vida:

CAÍDA O DESCENSO: Esta técnica puede ser muy útil cuando te sientas tenso, nervioso, estancado o ansioso. Coordina una respiración amplia con el golpe de las palmas de tus manos al caer sobre los muslos y con el descenso o caída de la mente pensante hacia tu cuerpo. Es una práctica rápida y sencilla que puedes aplicar las veces que te parezca necesario a lo largo del día.

RESPIRACIÓN DIAFRAGMÁTICA: La respiración diafragmática puede ser en especial útil cuando te sientas acelerado o "desanclado". Esta práctica tiene varias etapas y te ayuda a desacelerar la energía y llevarla a su morada debajo del nivel del ombligo para que tú puedas asentarte.

APRETÓN DE MANOS: Esta herramienta es fundamental para sanar y abrir. Te ayuda a abordar los bloqueos emocionales, la reactividad y la resistencia, es decir, a lidiar con tus "monstruos hermosos". Aquí conectas de nuevo la conciencia con el mundo sensible utilizando una actitud de acogimiento y aceptación al mismo tiempo que entablas una amistad con tus monstruos.

AMOR ESENCIAL: El apretón de manos con el mundo sensible te permite redescubrir el bienestar natural proveniente de la conexión con el amor esencial. Cuando sientas que necesitas amor, cuando te sientas vacío, indigno de atención, poco inspirado o infravalorado, puedes estrechar la mano con estos sentimientos y entablar una amistad. Con el tiempo, esto te permitirá volver a conectarte con tu bienestar elemental, con el amor esencial. El amor esencial nos acompaña siempre, permanece debajo de nuestros inconstantes sentimientos, emociones y estados anímicos.

AMOR Y COMPASIÓN: Establecer raíces en el amor esencial te permite cultivar la empatía y la compasión en todo momento. Con el tiempo, puedes extender su alcance para incluir cada vez a más seres y cubrirlos con tu tierno cariño. Puedes incluir a seres neutrales y a personas difíciles en particular, es decir, no solo a quienes ya sientes cerca de tu corazón.

CALMA Y CLARIDAD MENTAL: Esta práctica para asentar la mente e imbuirla de calma y claridad te puede ayudar cuando te sientas disperso, desenfocado o confundido. El asentamiento de la mente con un objeto de apoyo, como la respiración, y sin objeto de apoyo son las versiones de esta importante práctica para el descubrimiento de la claridad o lucidez natural, y para apaciguar y darle enfoque a tu vida.

PRÁCTICA DE REFLEXIÓN Y ENTENDIMIENTO: Las prácticas de reflexión incluyen la contemplación enfocada de los cuatro Yo. Permanecer en una espacialidad lúcida puede ayudarte a profundizar tu sendero espiritual y a liberar el entendimiento. La práctica de reflexión te deja ver las maneras sanas de relacionarte contigo mismo, pero también las poco saludables, y te insta a desarrollar una calma y una lucidez más robustas, y a descubrir el potencial que tienes para liberarte de las neurosis, los pensamientos limitantes y la confusión.

Estas prácticas y las reflexiones que generan nos permiten lidiar con la vida y sus dificultades de una manera más elegante y eficaz. Los puntos clave son el *asentamiento* o *anclaje* que produce la caída; el *amor esencial* que produce el apretón de manos, y el *Yo simple* que podemos encontrar gracias a la práctica de reflexión y entendimiento. Estos conceptos se pueden convertir en nuestro hogar interior, en el territorio de nuestro ser. Si somos capaces de apropiarnos de ellos, la vida será más rica, cordial y gozosa, y también podremos ayudar a otros con mayor facilidad.

Sin embargo, como sucede con todas las habilidades, necesitamos practicar. Si deseamos tocar bien el piano, ser carpinteros competentes o realizar con éxito cualquier deporte o pasatiempo, tenemos que repetir los movimientos básicos muchas veces hasta dominarlos. Con la mente sucede lo mismo. No podemos meditar una o dos ocasiones y obtener todos los beneficios y habilidades que ofrece esta práctica. Todo toma tiempo. Tenemos que *familiarizarnos* con las técnicas y las experiencias que se presentan cuando practicamos. De hecho, *gom*, la palabra tibetana para "meditación", significa "habituarse" o "familiarizarse". Recuerda que estamos deshaciéndonos de los viejos hábitos y formando nuevos.

Lo ideal es dedicarle un rato todos los días. No tiene que ser un periodo prolongando, lo mejor es establecer metas alcanzables, como entre diez y veinte minutos diarios para empezar. Esto es suficiente para obtener ciertos beneficios de inmediato, y poco a poco podemos aumentar el tiempo. Lo mejor es dejar que la práctica crezca de forma orgánica en lugar de forzarnos demasiado al principio. Puedes comenzar comprometiéndote por un mes, es decir, puedes proponerte meditar treinta días consecutivos. Esto te ayudará a empezar con impulso y a formarte el hábito.

Recuerda que las experiencias de la meditación tienen altibajos, ¡como nuestro estado de ánimo o la bolsa de valores! A veces sentimos lucidez, ligereza y entusiasmo, percibimos que avanzamos con rapidez. En otras ocasiones nos sentimos aletargados o agitados, y nos da la impresión de que no vamos a ningún lado, de que hacer cualquier otra cosa sería más útil que sentarnos a meditar. No importa, tú continúa practicando y no te quedes estancado demasiado en estas experiencias de carácter inconstante. *No importa cuánto cambien las experiencias*, lo que importa es que sigamos practicando y desarrollando estos hábitos. A final de cuentas, las experiencias son como olas en el mar, y, a pesar de sus crestas y sus valles, lo que cuenta es que sigamos en el agua.

Las crestas y los valles son la misma agua de mar, los altibajos en nuestra inconstante experiencia son el mismo flujo de la conciencia. No los juzgues, o podrías terminar inflando tu ego o desanimándote. Si deseamos alcanzar la cima de una montaña, tenemos que escalar de manera constante, así que nuestro estado de ánimo en algún punto en particular no es del todo importante.

Hay muchas maneras de ayudar a otros, pero en este sendero de la meditación hacemos énfasis en que empieces por animarte a ti mismo. Si te ayudas a ti, podrás ayudar a otros. Primero ve a casa y desarrolla tu fuerza interior, el sendero de la meditación te llevará al amor esencial y, cuando cultives la claridad y la riqueza interior, irá surgiendo el amor de expresión que se manifestará como compasión. Auxiliar a otros marca una diferencia enorme en este mundo. Estas prácticas nos pueden ayudar a ser mejores para, luego, ayudar mejor.

Por supuesto, ayudar a otros y enfrentar la vida en general puede ser agotador. En la actualidad, el estrés arrasa y nos cobra la factura. El paso de la vida moderna puede acelerarnos y las complejas exigencias con que tenemos que lidiar en casa solo se suman al malestar. El precio que tenemos que pagar en los aspectos mental, físico y emocional puede ser muy alto. Las prácticas de este libro te ayudarán a reponerte y a enfrentar la fatiga y el cansancio extremos. Con ellas podemos contrarrestar la sensación de baja energía y evitar la fatiga crónica y la fatiga por compasión, podemos aprender a revigorizarnos nosotros mismos. Entre más energía generemos con nuestra práctica, más podremos ayudar a otros. A medida que este bucle de retroalimentación positiva se establezca, podremos volver a nuestro hogar natural, revigorizarnos y seguir ayudando.

Quienes trabajan en las industrias de servicio a otros a veces no se cuidan a sí mismos, lo cual limita su labor altruista y, sobra decirlo, reduce la alegría y el bienestar que produce el hecho de ayudar. Si no nos conectamos con nuestro corazón, si no meditamos, si no establecemos un hogar en el mundo sensible, si no tenemos claridad, es más probable que nos agotemos en el aspecto emocional. En cambio, el trabajo de voluntariado, la transformación interior y el cuidado de uno mismo se combinan y se fortalecen entre sí.

Cuando practiques las técnicas, la compasión y el entendimiento surgirán de forma espontánea, para eso están diseñados estos métodos. Piensa en esta analogía: si tienes fuego, tienes calor. A medida que te familiarices con las prácticas, serás cada vez más sano y te irás convirtiendo en una persona genuina, llena de amor, compasión y sabiduría. En la vida hay muchos obstáculos, pero siempre podemos aprender a enfrentarlos. Cualquier cosa, positiva o negativa, podemos verla como una oportunidad de crecimiento, como una manera de fortalecer nuestra práctica. Por esta razón, podemos traer a nuestro sendero todo lo que se nos presente. Una vez que aprendamos a lidiar con nuestros problemas, sabremos restaurarnos y vigorizarnos, y podremos olvidar el agotamiento, el hastío y la fatiga crónica o *burnout*. Seremos como una flor que florece y se transforma en compasión y sabiduría.

Es nuestro deseo más sincero que este libro y las prácticas e ideas que contiene ayuden a muchísimas personas a disfrutar de su derecho innato a tener *el cuerpo asentado, el corazón abierto y la mente clara*.

AGRADECIMIENTOS

Tsoknyi Rinpoche desea expresar su profunda gratitud a sus maestros fundamentales, de quienes recibió las enseñanzas que se transformaron en este libro. Agradece a Adam Kane por su espléndido esfuerzo para ayudar a escribirlo. A Esteban y Tressa Hollander de Pundarika Foundation, quienes aportaron su invaluable ayuda para la realización y término de este proyecto. Rinpoche añade: "Agradezco a mis estudiantes, de quienes tanto he aprendido a lo largo de los años, y a mi familia por su apoyo y su amor".

Daniel también agradece a Adam Kane por infundirle una voz elocuente a las palabras de Rinpoche. A Stephanie Hitchcock, nuestra editora en Simon & Schuster, por su maravillosa guía en cada paso del camino. Y, por supuesto, a su esposa, Tara Bennett-Goleman, por sus reflexiones, contribuciones y el amoroso ánimo que infundió para realizar el proyecto.

NOTAS

Capítulo 2

[1] Sonja Lyubomirsky *et al.*, "Thinking about Rumination: The Scholarly Contributions and Intellectual Legacy of Susan Nolen-Hoeksema", en *Annual Review of Clinical Psychology* 11, marzo 2015, 1-22, publicado en Internet el 2 de enero de 2015, https://doi.org/10.1146/annurev-clinpsy-032814-112733.

[2] Joseph LeDoux, *The Emotional Brain: The Mysterious Underpinnings of Emotional Life*, Nueva York, Simon & Schuster, 1998, p. [s/p.]

Capítulo 3

[1] Bruce McEwen y John Wingfield, "The Concept of Allostasis in Biology and Biomedicine", en *Hormones and Behavior* 43, núm. 1, enero 2003, 2-15.

[2] Años después, Richard Davidson y yo evaluamos los estudios más rigurosos sobre la meditación en nuestro libro *Rasgos alterados. La ciencia revela cómo la meditación transforma la mente, el cerebro y el cuerpo.*

[3] Herbert Benson, *The Relaxation Response*, edición actualizada, Nueva York, Harper Collins, actualizada en 2009.

[4] Andrea Zaccaro *et al.*, "How Breath-Control Can Change Your Life: A Systematic Review on Psycho-Physiological Correlates of Slow Breathing", en *Frontiers in Human Neuroscience* 12, 2018, 353, https://www.ncbi.nlm.nih.gov/pmc/articles/PMC6137615/.

[5] Donald J. Noble y Shawn Hochman, "Hypothesis: Pulmonary Afferent Activity Patterns During Slow, Deep Breathing Contribute to the Neural Induction of Physiological Relaxation", en *Frontiers in Physiology* 10, 13 de septiembre de 2019, 1176, https://doi.org/10.3389/fphys.2019.0176.

Capítulo 4

[1] Tara Bennett-Goleman, *Alquimia emocional. Cómo la mente puede sanar el corazón*.

[2] Philippe Goldin ha realizado una serie de estudios sobre el cerebro con voluntarios que sufren del desorden de ansiedad social; muchos de esos estudios se realizaron mientras Goldin estaba en la Universidad de Stanford, antes de ir a UC Davis. Ver, e.g., Philippe R. Goldin *et al.*, "Neural Bases of Social Anxiety Disorder: Emotional Reactivity and Cognitive Regulation During Social and Physical Threat", en *Archives of General Psychiatry* 66, núm. 2, febrero de 2009, 170-80.

[3] Chris Gerner estudia la aceptación de acuerdo con las investigaciones respecto a la autocompasión de Kristin Neff de la Universidad de Texas en Austin. Ver, e.g., Kristin Neff y Chris Gerner, *Cuaderno de trabajo de mindfulness y autocompasión: un método seguro para aumentar la fortaleza y el desarrollo interior para aceptarse a uno mismo*.

[4] Hedy Kober *et al.*, "Let It Be: Mindful Acceptance Down-Regulates Pain and Negative Emotion", en *Social Cognitive and Affective Neuroscience* 14, núm. 11, 1 de noviembre de 2019, 1147-58.

[5] Philippe R. Goldin *et al.*, "Evaluation of Cognitive Behavioral Therapy vs Mindfulness Meditation in Brain Changes During

Reappraisal and Acceptance Among Patients with Social Anxiety Disorder: A Randomized Clinical Trial", en *JAMA Psychiatry* 78, núm. 10, 1 de octubre de 2021, 1134-42, https://doi.org/10.1001/jamapsychiatry.2021.1862.

Capítulo 5

[1] Ver Cortland Dahl *et al.*, "The Plasticity of Well-Being: A Training-Based Framework for the Cultivation of Human Flourishing", en *Proceedings of the National Academy of Sciences of the United States of America* 117, núm. 51, 22 de diciembre de 2020, 32197-206, https://doi.org/10.1073/pnas.2014859117.

[2] Healthy Minds Innovations, https://hminnovations.org/.

[3] Matthew A. Killingsworth y Daniel T. Gilbert, "A Wandering Mind Is an Unhappy Mind", en *Science* 330, núm. 6006, noviembre de 2010, 932, https://doi.org/10.1126/science.1192439.

[4] Dahl *et al.*, "The Plasticity of Well-Being…".

[5] Richard J. Davidson y Sharon Begley, *El perfil emocional de tu cerebro. Claves para modificar nuestras actitudes y reacciones.*

Capítulo 6

[1] Antoine Lutz *et al.*, "Regulation of the Neural Circuitry of Emotion by Compassion Meditation: Effects of Meditative Expertise", en *PLOS One*, 26 de marzo de 2008.

[2] Dalai Lama, *Worlds in Harmony: Dialogues on Compassionate Action*, Parallax Press, Berkeley, California, 2004.

[3] Jean Decety, "The Neurodevelopment of Empathy in Humans", en *Developmental Neuroscience* 32, núm. 4, diciembre de 2010, 257-67.

[4] Olga Klimecki, "Differential Pattern of Functional Brain Plasticity after Compassion and Empathy Training", en *Cerebral Cortex* 23, núm. 7, 2013, 1552-61.

[5] Helen Y. Weng *et al.*, "Compassion Training Alters Altruism and Neural Responses to Suffering", en *Psychological Science* 24, núm. 7, mayo de 2013, [páginas s/p.], publicado en línea el 21 de mayo de 2013, http://pss.sagepub.com/early/2013/05/20/09567612469537.

[6] Julieta Galante *et al.*, "Loving-Kindness Meditation Effects on Well-Being and Altruism: A Mixed-Methods Online RTC", en *Applied Psychology: Health and Well-Being* 8, núm. 3, noviembre de 2016, 322-50, https://doi.org/1O.111/APHW.12074.

⁷ Ver capítulo 6 de Daniel Goleman y Richard Davidson, *Rasgos alterados. La ciencia revela cómo la meditación transforma la mente, el cerebro y el cuerpo*.

Capítulo 7

¹ Daniel Goleman y Richard Davidson, *Rasgos alterados. La ciencia revela cómo la meditación transforma la mente, el cerebro y el cuerpo*.

² Clifford Saron, presentación en la segunda Conferencia Internacional de Ciencia Contemplativa (International Conference on Contemplative Science), San Diego, noviembre de 2016.

³ Melissa A. Rosenkrantz *et al.*, "Reduced Stress and Inflammatory Responsiveness in Experienced Meditators Compared to a Matched Healthy Control Group", en *Psychoneuroimmunology* 68, 2016, 299-312.

⁴ J. D. Creswell *et al.*, "Mindfulness-Based Stress Reduction Training Reduces Loneliness and Pro-Inflammatory Gene Expression in Older Adults: A Small Randomized Controlled Trial", en *Brain, Behavior, and Immunity* 26, núm. 7, octubre de 2012, 1095-101.

Capítulo 8

[1] Nuestra revisión de hallazgos científicos sobre la meditación se puede leer en Daniel Goleman y Richard Davidson, *Rasgos alterados. La ciencia revela cómo la meditación transforma la mente, el cerebro y el cuerpo.*

[2] Para una explicación más detallada sobre la atención consciente y la terapia cognitiva, ver Tara Bennett-Goleman, *Alquimia emocional. Cómo la mente puede sanar el corazón.* Ver también A. B. Nejad *et al.*, "Self-Referential Processing, Rumination, and Cortical Midline Structures in Major Depression", en *Frontiers in Human Neuroscience* 7, núm. 666, 10 de octubre de 2013, [páginas s/p.], https://doi.org/10.3389/fnhum.2013.00666.

[3] Ver, e.g., Jude Cassiday y Phillip Shaver, eds., *Handbook of Attachment: Theory, Research and Clinical Applications*, Guilford, Nueva York, 1999.

[4] James T. Tedeschi, *Impression Management Theory and Social Psychological Research*, Academic Press, Nueva York, 2013.

[5] Judson Brewer *et al.*, "Meditation Experience Is Associated with Differences in Default Mode Network Activity and Connectivity", en *Proceedings of the National Academy of Sciences* 108, núm. 50, 2011, 1-6, https://doi.org/10.1073/pnas.1112029108.

[6] Cortland J. Dahl, Antoine Lutz y Richard J. Davidson, "Reconstructing and Deconstructing the Self: Cognitive Mechanisms in Meditation Practice", en *Trends in Cognitive Sciences* 19, núm. 9, septiembre de 2015, 515-23.

[7] Chloe C. Banker y Mark R. Leary, "Hypo-Egoic Nonentitlement as a Feature of Humility", en *Personality and Social Psychology Bulletin* 46, núm. 5, mayo de 2020, 738-53, https://doi.org/10.1177/014616721987514.

[8] Ruben E. Laukkonen y Heleen A. Slagter, "From Many to (N)one: Meditation and the Plasticity of the Predictive Mind", en *Neuroscience & Biobehavioral Reviews* 128, septiembre de 2021, 199-217, https://doi.org/10.1016/j.neurobiorev.2021.06.021.

Por qué meditar de Daniel Goleman y Tsoknyi Rinpoche
se terminó de imprimir en el mes de abril de 2023
en los talleres de Diversidad Gráfica S.A. de C.V.
Privada de Av. 11 #1 Col. El Vergel, Iztapalapa,
C.P. 09880, Ciudad de México.